LA TURQUIE NOUVELLE
ET
L'ANCIEN RÉGIME

Les vrais Turcs — La Croix et le Croissant
Les Massacres d'Arméniens — L'ancien régime — Les horreurs de [illegible]
Espions et Faussaires — Les bandes
[illegible] le prince Rechad effendi
Damad Mahmoud pacha et le prince Sabaheddine
[illegible] les Jeunes-Turcs — Le sultan Abou-el-Houda
[illegible]
[illegible] juillet 1908 — Les Réjouissances ottomanes
[illegible] — La Révolution
[illegible] Justice ottomane
[illegible]
[illegible] la reconnaissance
[illegible] — Les Eunuques et [illegible]
Le forçat et le dramaturge
Ahmed Riza et Abdul-Hamid II [illegible]

PARIS
LIBRAIRIE DES SCIENCES POLITIQUES ET SOCIALES
MARCEL RIVIÈRE
[illegible]

1909

LA TURQUIE NOUVELLE

ET

L'ANCIEN RÉGIME

JOSEPH DENAIS

LA TURQUIE NOUVELLE

ET
L'ANCIEN RÉGIME

Les vrais Turcs — La Croix et le Croissant
Les Massacres d'Armèniens — L'ancien régime — Les horreurs d'Yldiz
Espions et Faussaires — Les bandes
L'héritier présomptif, S. A. I. le prince Rechad effendi
Damad Mahmoud pacha et le prince Sabaheddine
Le Congrès des Libéraux Ottomans — Le sultan Mourad : sa mort ;
tentatives pour le délivrer
La Révolution de Juillet 1908 — Les Nationalités ottomanes \
Musulmans et non musulmans — Le Comité Fantôme
Union et Progrès — L'Union libérale ottomane — Justice et Loyauté
Les élections
La Monarchie constitutionnelle et la Décentralisation <
Coup d'État manqué — Les Étrangers — Le retour des exilés
Le harem et la femme turque ∧
Ahmed Riza et Abdul Hamid II, etc.

PARIS

LIBRAIRIE DES SCIENCES POLITIQUES ET SOCIALES

MARCEL RIVIÈRE

31, rue Jacob et 1, rue Saint-Benoît

1909

LA TURQUIE NOUVELLE

ET

L'ANCIEN RÉGIME

—

Après avoir travaillé très activement, pendant de longues années, et spécialement depuis 1897, à faire mieux connaître la « Vraie Turquie » et à faciliter, de tout mon pouvoir son évolution, je ne songeais guère à parler si tôt des événements accomplis en juillet 1907. Mais, à mon retour de Constantinople, j'ai été instamment sollicité de faire une conférence à Paris ; j'ai cru pouvoir accepter, sachant qu'il y aurait beaucoup à dire sur cette question. Si peu qu'il me fût permis de raconter, en ce moment-là, j'estimais que ce ne serait pas tout à fait inutile, devant des hommes de bonne foi.

Les instances faites, par mes bienveillants auditeurs, pour que cette causerie, hâtivement préparée, fût imprimée, me font espérer que je ne m'étais pas trompé, qu'ils ne furent pas trop déçus.

Des circonstances, indépendantes de ma volonté, m'ayant obligé à retarder, jusqu'à ce jour, cette publication, j'ai cru devoir y joindre quelques notes et documents, devenus indispensables pour la mise au point, ne me dissimulant pas — et je prie qu'on en tienne compte — qu'il n'est pas possible de suivre, au jour le jour, tous les incidents.

Mais je veux faire cette déclaration, que les idées et les opinions émises ici me sont exclusivement personnelles, qu'elles n'engagent absolument que moi, dans ma complète indépendance et dans mon ardent désir de voir triompher en la Turquie libérée, les idées de Progrès, d'Union, d'Humanité, de Liberté, de Justice et de Probité indispensables au salut des diverses races qui forment l'Empire Ottoman ; sans cela, malgré les sympathies générales qui ont accueilli la révolution de Juillet 1908, la Turquie courrait fatalement aux pires catastrophes.

J. D.

Paris, le 8 mars 1909.

LA TURQUIE NOUVELLE ET L'ANCIEN RÉGIME

Conférence faite par M. Joseph DENAIS, à Paris
(Athénée Saint-Germain) le 17 novembre 1908

Annotée le 8 mars 1909

Mᴇsᴅᴀᴍᴇs,
Mᴇssɪᴇᴜʀs,

Qui ne connaît le *Tour du monde en 80 jours ?*

Surtout ne vous effrayez pas, notre voyage sera moins long.

J'assistais un jour à l'amusante pièce du Châtelet, avec des amis de Constantinople; ils ne purent s'empêcher de sourire, quand l'un des personnages, Passepartout, s'écria :

« Je vais donc voir des almées, des pachas, des Turcs, des « vrais Turcs, avec des turbans, des pantalons plissés et « des soleils dans le dos !.. »

Combien d'Européens n'avaient pas une idée beaucoup plus précise et beaucoup plus exacte des Turcs que le gamin de Paris imaginé par Jules Verne !

C'est que, depuis un quart de siècle surtout, les Ottomans, principalement les Turcs, ont été systématiquement défigurés, caricaturés, calomniés.

On commence, enfin, à revenir de cette erreur, depuis la Révolution qu'ils ont faite, l'été dernier (« révolution la plus étonnante qui fut » — pour me servir des termes qu'employait, ces jours-ci, le premier ministre anglais —) et l'on en revient, parce qu'à la stupéfaction des chancelleries et des journaux, qui n'avaient pas su, ou pas voulu les connaître plus tôt [1], les Turcs, secouant la tyrannie qui les oppri-

[1] Me permettra-t-on de rappeler ce que, trois années avant la Révolution, j'eus l'occasion d'écrire dans une revue française :

« Pour tout témoin sincère, impartial, la vérité, c'est que la Turquie entière, surtout après les tentatives prématurées, malheureuses, de Sélim III et de Mahmoud II, surtout depuis le règne, trop court, du bon et aimé sultan Abdul-Medjid, et surtout en ces dernières années, où l'évolution s'accomplit, malgré l'oppression et la confiscation, l'exil et l'emprisonnement, malgré tout, la Turquie entière a soif de progrès, d'humanité, de sécurité ; c'est qu'elle est avide de voir instaurer enfin, chez elle, les libertés légitimes véritablement dignes de l'homme. Vienne un gouvernement nouveau, le gouvernement de demain ne pourra pas ressembler à la folle et cruelle autocratie d'aujourd'hui. Ce peuple étonnera bien vite le monde, qui ne semble pas plus soupçonner ce dont il est capable, qu'on n'était disposé, hier encore, à admettre que le Japon pût jamais prendre à l'Europe, en vingt-cinq ans, tout ce qu'il a su lui emprunter. Et, loin d'être jaloux des Européens, les Turcs, très loyaux, très hospitaliers, désirent vivement entretenir avec les étrangers honnêtes les rapports les plus cordiaux.

« *Ce n'est pas un parti seulement qui, en Turquie, réclame des réformes sérieuses, loyales, c'est la Turquie tout entière, à l'heure actuelle. Rien ne pourra plus arrêter ni retarder cette évolution logique.*

« Ces choses-là doivent être dites, aujourd'hui, *à la veille de changements vraisemblablement très prochains* ; elles doivent être connues de l'Europe et spécialement de la France, la première alliée de l'empire ottoman, sa grande amie dans les bons et les mauvais jours... »

(*Patria*, 15 novembre 1905.)

mait, qui faisait trop souvent confondre les victimes avec les bourreaux, se sont montrés tels qu'ils sont, en réalité, un peuple digne d'estime, de confiance et d'affection.

Aux yeux des étrangers, les Turcs étaient, pour le moins, des gens bizarres, quand ils n'étaient pas (et ils l'étaient trop souvent, disait-on des fanatiques cruels, réfractaires à tout progrès, condamnés par leurs origines asiatiques, par leur religion surtout, à vivre en marge de la civilisation, qu'ils abhorraient autant qu'ils exécraient ceux qui ne partagent pas leur foi ; enfin, c'étaient les ennemis irréductibles de l'Europe chrétienne.

Or ce peuple, ainsi discrédité, a opéré, en deux ou trois jours, un changement radical en sa vie publique ; l'absolutisme le plus terrible, qui se vit au temps des Néron, des Caligula et des Gengiskhan, a été remplacé, sur-le-champ, sans troubles, sans secousses, presque sans effusion de sang — à peine une douzaine d'exécutions sommaires d'espions odieux et criminels, — par un régime constitutionnel accepté de tous.

Cependant, en relisant les publications plus anciennes, par exemple celles qui datent de l'époque où les Français et les Anglais, aujourd'hui unis avec les Russes, prirent part, avec le bon sultan Abdul Medjid, à la guerre de Crimée, il est aisé de constater qu'il y a un demi-siècle les Turcs étaient plus populaires, qu'ils étaient mieux connus.

Et, à la même date encore :

« En face d'une prétendue Turquie, travestie, défigurée et qui est représentée, aujourd'hui, par le Despotisme expirant, véritable anarchie couronnée, séparée de la nation par toute l'épaisseur des triples murailles d'Yildiz, protégée par des forces redoutables, *qui ne l'empêcheront pas de disparaître bientôt*, voilà, avec son programme, la VRAIE TURQUIE, celle que je voudrais mieux faire connaître, pour la faire estimer et *affectionner comme elle mérite de l'être*, et aussi pour donner du courage à tous ceux qui attendent d'elle, et qui en obtiendront, leur libération et leur salut, au grand profit de la Paix européenne et de la Civilisation du Monde. »

Pourquoi donc un tel changement?

Je n'hésiterai pas à dire la vérité. C'est à la presse que nous le devons.

La presse est souvent l'organe de l'opinion ; mais elle est bien souvent aussi son guide.

Or, depuis 25 ans, de nombreux journaux d'Europe, et non des moindres, — qui tiennent tant à la liberté de la presse, pour l'acquérir, mais qui, malheureusement, y tiennent beaucoup moins, lorsqu'il s'agit de l'aliéner, — se sont laissé circonvenir par deux puissances, qui avaient, l'une et l'autre, intérêt à fausser l'opinion : d'un côté, par les gouvernements, jaloux de la Turquie, rêvant de s'agrandir à ses dépens, intéressés à faire croire que ce qu'ils appelaient « l'homme malade » arrivait à sa fin, guettant le cadavre et ne cessant de dire « hâtons-nous, car il sent... »; — de l'autre côté, par le Palais d'Yldiz, qui dressait ses triples murailles contre la Turquie elle-même ; le Palais, c'est-à-dire la plus abominable entreprise de corruption qu'on ait jamais vue et qui, par des faveurs et des décorations, par des concessions privilégiées et renouvelables, par des subventions plus ou moins déguisées, essayait, sans vergogne, de s'acquérir le concours ou le silence des journaux d'Europe, au point que ses représentants à Paris, à Vienne, etc. osaient se targuer cyniquement, en l'intimité, de tenir en leurs mains tous les principaux organes de publicité, de pouvoir faire, à leur gré, l'opinion publique, comme avec son *Reptilienfund*, Bismarck, le maître corrupteur, le faussaire, avait pu préparer l'invasion de 1870 ; ceux de ma génération, hélas ! ne l'ont pas oublié [1].

Personne plus que moi n'est convaincu de la puissance des journaux ; mais cette puissance, vous le savez, s'exerce pour le mal comme pour le bien. Je connais, certes ! les

---

[1] V⁰ H. Wuttke. *Le fonds des reptiles; le Journalisme allemand et la formation de l'opinion publique* (Paris, M. Dreyfous, 1877, in-12).

mérites (d'autant plus grands que de nos jours les tentations sont plus nombreuses) de nombreux collaborateurs
de la presse, telle qu'elle doit être comprise par les hommes
de cœur et de conscience, et ç'a été pour moi, toujours, une
satisfaction de leur rendre un hommage public. Mais, pour
la même raison d'équité, je ne puis m'empêcher de protester
ici contre cette conception inadmissible, bien qu'elle soit,
hélas ! trop commune à notre époque, qu'un journal puisse
être, comme une usine, une simple exploitation de la pensée
ou de la politique, une véritable machine à rendement et
à profits matériels ; qu'après la quatrième page, les trois
autres, ou les neuf autres, du Premier Paris au Bulletin de
Bourse, en passant par les Faits divers, les interviews, les
échos, la critique, etc., peuvent se vendre ou s'affermer,
pour des annonces ou pour des réclames, plus ou moins dissi-
mulées, pour les pilules à la mode ou — comme ici —
pour l'oppression d'un peuple et l'étouffement de ses plaintes
et de ses vœux.

Et qu'on ne me taxe pas d'exagération ou d'inexactitude,
puisque (vous l'avez tous pu lire — la plupart des journaux
l'ayant reproduit) le nouveau gouvernement de la Porte a
fait annoncer que, *désormais*, les journaux ne recevraient
plus de subventions : il ne faut pas être fort perspicace,
même à défaut d'autre documentation, pour en conclure
que, jusqu'alors, de nombreux journaux d'Europe n'avaient
pas craint de se faire payer leur mutisme ou leur publicité[1].
Les libéraux ottomans et leurs amis se sont trop souvent
heurtés à cette barrière d'or et d'argent, pour n'avoir pas
le droit et le devoir de protester contre une telle mécon-
naissance du rôle supérieur de la presse ; et c'est une raison

[1] Depuis peu — coïncidence fortuite, sans doute, mais curieuse
tout de même — presque à la même heure et dans les termes presque
semblables, de chaleureux plaidoyers ont été publiés, dans divers
journaux, en faveur de personnages fort compromis et qui se disent
fort pauvres, malgré l'apparence.

de plus aussi, pour rendre un cordial hommage de gratitude à tous ceux qui, ayant l'honneur de tenir une plume, n'ont eu que du dédain pour les tentatives de corruption, dont ils ont tous été l'objet, plus ou moins directement, et n'ont pas craint de payer de leurs personnes et parfois de leur situation le courage qu'ils ont eu de dire la vérité, de se dresser contre le coupable debout, de venir au secours de la victime opprimée et terrassée [1].

[1] A l'occasion d'un dîner, au Pera Palace, à Constantinople, où j'avais eu le plaisir d'inviter le Comité de l'Association de la Presse Ottomane, S. A. le prince Sabaheddine voulut bien m'envoyer, ce soir-là, une lettre qui doit trouver place ici et qu'ont publiée la *Correspondance Havas*, la *Turquie*, le *Moniteur oriental*, etc.

Couroutchesmé, 16 septembre 1908.«

« CHER AMI,

« Si j'avais pu trouver ce soir un moment de liberté, je me serais rendu, avec grand plaisir, à la réunion, que vous avez eu la bonne pensée de provoquer, du Comité de l'Association de la Presse Ottomane, nouvellement constituée.

« Vous qui avez été le témoin constant, le confident fidèle et dévoué de nos angoisses et de nos espérances patriotiques, pendant neuf années d'exil volontaire, loin de mon pays, loin de ceux que j'aime, vous saurez mieux que tout autre exprimer aux Journalistes de Turquie et — en même temps, à tous ceux qui, en France, en Europe, nous ont aidés et secondés dans notre tâche — ma gratitude personnelle et la reconnaissance de tous ceux qui ont travaillé et qui travaillent à la complète libération de notre chère patrie.

« La Presse, comprise comme elle doit l'être, inaccessible aux tentations et aux sollicitations d'ordre inférieur, soucieuse de sa dignité et de ses responsabilités, pénétrée de l'importance de son rôle, tout de civilisation et de progrès, la presse désintéressée, indépendante, est, en ce siècle, un des plus puissants et des plus merveilleux agents de régénération politique et sociale.

« C'est notre espoir, c'est notre confiance que les journalistes ottomans, dont un grand nombre ont déjà rendu d'éminents services, laisseront de côté tout ce qui pourrait créer des dissentiments funestes, surtout à cette heure solennelle, et qu'ils contribueront, avec une louable émulation, à l'achèvement de cette évolution, que nous nous efforcerons de poursuivre ensemble, pour le bien de la Turquie, la paix du monde et le grand progrès de la civilisation.

« Croyez, chez ami, à mes sentiments très cordiaux.

« « M. SABAHEDDINE. »

Et le pouvoir de la presse est tel encore, malgré ses abus et le discrédit qui devra en résulter un jour, que les impressions fausses, injustes, se sont comme infiltrées dans le monde entier, et ceux-là même qui, par état, par devoir, ont les moyens d'être exactement renseignés, en ont eu souvent les idées déformées. Les exemples autour de nous seraient innombrables.

Je n'en citerai qu'un, car celui-là est d'importance.

L'Empereur Guillaume II demandait un jour à l'un de nos diplomates, qui me le racontait avant-hier : — Vous connaissez les pays musulmans : croyez-vous vraiment que les Turcs puissent être civilisés?

La réponse très affirmative de notre compatriote ne paraît pas avoir converti le Kaiser, puisqu'il sent aujourd'hui, et les Allemands le sentent aussi, et cruellement, à quel point sa vue fut courte, sa perspicacité limitée, en s'alliant délibérément avec le Palais d'Yldiz contre les Ottomans opprimés. Sans cette complicité, vraiment coupable, il y a onze ans que la Turquie eut été libre; on le saura sans doute quelque jour; en attendant, je crois pouvoir l'attester.

Vous me direz peut-être : mais la Turquie n'est pas aux Antipodes; on y peut aller en trois jours. On y va, oui; mais on y est allé, le plus souvent, sans rien voir et sans rien savoir des Turcs. Pour plusieurs raisons, surtout à cause de la rigueur du régime passé, les Turcs n'avaient, on peut le dire, aucune communication avec les étrangers : une conversation, un mot, un regard les compromettait aux yeux des espions, partout à l'affût. Le touriste revenait enchanté des splendeurs du Bosphore, amusé par le pittoresque de Constantinople ou des autres villes qu'il avait traversées. Il n'avait pas pu voir les Turcs; il ne connaissait pas la Turquie.

Bien plus ! des chrétiens, qui séjournaient en Orient, avaient la plus grande peine à les connaître, si invraisemblable que cela paraisse. Chacun vivait à part, dans un autre monde, et tellement isolé, que plusieurs ottomans, même des Turcs, m'ont avoué qu'un livre, paru, il y a un an, et dû à l'un de nos compatriotes [1] fut, pour les indigènes, une véritable révélation.

— L'auteur, me disait un journaliste musulman, l'auteur, quoique Français, a trouvé le moyen de nous apprendre à nous connaître nous-mêmes.

Il faut avoir vécu dans l'intimité des Ottomans pour comprendre ces étrangetés....

Je me souviens avoir beaucoup étonné l'ambassadeur d'une grande puissance, lorsque, essayant, il y a cinq ou six ans déjà, de l'intéresser à la libération des Ottomans, je lui dis, désolé de constater une certaine ignorance de l'état des esprits (pas plus que les autres il ne voulait croire aux événements de 1908, que je m'attachais à lui faire entrevoir alors, avec une conviction dont ma plume a laissé bien des traces) :

— Pardonnez ma franchise, mais je suis convaincu que, malgré votre long séjour à Constantinople, Votre Excellence ne connaît pas les Turcs ! — Vous prétendez bien les connaître, vous ! me dit-il surpris, un peu vexé. — Comprenez-moi. Voici un livre dont nous ne parlons pas la langue. Vous, vous vous donnez, en vain, beaucoup de peine, afin d'en pénétrer le sens ; vous avez, en cela, beaucoup de mérites ; pour moi, je n'en ai aucun, puisqu'on m'en offre une traduction fidèle. Mais je vois clair et vous restez dans le brouillard. Convenez que tous les Ambassadeurs en Turquie, véritables vice-rois à Péra ou à Thérapia, mènent une vie fort calme et fort douce. Mais ils n'ont, pour les renseigner, que des Grecs, des Arméniens ; ils n'ont pas de Turcs, qui risqueraient leur repos, leur vie

[1] Paul Fesch. *Constantinople aux derniers jours d'Abdul-Hamid*, in-8°, Paris, Rivière ; in-8° illustré, imprimerie Germain et G. Grassin, à Angers.

à dire la vérité, sauf les Turcs de la Camarilla du Palais, plus éloignés de la Turquie, plus ennemis de leurs pays, consciemment ou non, que les pires de leurs rivaux....

Les seuls Français, peut-être, qui connaissaient les Turcs, avec nos prêtres, les frères et les sœurs de nos écoles, ce furent les rares officiers français envoyés en mission et se trouvant ainsi en contact avec les musulmans. Ce sont eux, comme feu Lecocq pacha et le commandant Chopart, fils de l'amiral français (pour ne parler que des morts) qui m'ont ouvert les yeux, les premiers. D'autres aussi, et je me souviens avoir entendu dire à M. Gabriel Bonvalot que quand il entreprit, avec le prince Henri d'Orléans, son expédition au Thibet, il ne voulut employer que des porteurs turcs : « Avec ceux-là, disait-il, je suis certain de n'être ni trahi, ni trompé. » Et le trait suivant suffirait à caractériser la candeur de la race. Lorsque l'intrépide explorateur dut se séparer de ses hommes, il voulut remettre au chef une reconnaissance de dettes à toucher au Consulat de France : le Turc ne le permit point. — A quoi bon ? lui dit-il, vous savez ce que vous nous devez, ce papier est donc inutile...

C'est ainsi que raisonne le Turc non gangrené par Yldiz ; celui-là est bien de sa race, de la race aux traditions bibliques qui, si vous vous présentez chez lui, hôte inconnu, vous donnera sa plus belle chambre et, s'il n'a qu'une chambre, couchera dans un coin, au besoin demeurera dehors.

L'auteur d'*Émile* (livre IV) disait, cela n'a pas changé depuis : Les Turcs « sont par principe de religion, hospitaliers, même envers les ennemis de leur culte ». Et M. de Metternich, peu connu (du moins jusqu'à ces derniers temps) pour avoir le cœur bien tendre, parlant de la Turquie, écrivait en 1839 : « Le peuple y est *bon*[1]. » C'est le jugement de tous ceux qui ont pu le bien connaître, et les derniers événements ne sont point pour le modifier.

---

[1] *Lettre sur les réformes d'Abdul Medjid*, 3 *décembre* 1839.

Mais, j'entends l'objection? Et les incursions des Turcs en Europe? Et les massacres des Arméniens ?

Pour les époques reculées, où des chrétiens ne furent pas toujours chrétiens, avouons-le [1], il faut, de toute impartialité, reconnaître aussi que les Musulmans ont bien pu, et par les mêmes passions humaines et par les mêmes influences de temps et de milieu, ne pas être toujours fidèles aux prescriptions de leur religion. Le Koran a des *Sourates* belliqueuses d'une importance relative, occasionnelle, transitoire; oui, sans doute, mais le Deutéronome a aussi ses versets prêchant l'extermination des hommes, des femmes et des enfants. Oui parfois, au moyen âge, l'ennemi, pour les Musulmans, ce fut le chrétien; mais, entendons-nous, ce n'est pas comme chrétien qu'il était l'ennemi, mais c'est parce que l'adversaire, l'ennemi, était chrétien, que le chrétien, synonyme d'ennemi, était exécré; l'ardeur de la bataille et l'explosion des passions amenaient souvent à confondre l'un et l'autre. Et puis ! il faut admettre qu'il s'est passé bien des choses depuis lors. Autant vaudrait dire que l'Angleterre, qui vient de voir à Londres, circuler dans les rues, 40.000 catholiques, des prêtres (bon nombre en habit de chœur), des cardinaux, des évêques, pour le Congrès eucharistique, est intolérante, parce que, sous la reine Élisabeth, la conversion au catholicisme était punie de mort, parce qu'on infligea d'horribles supplices à des moines, pour cause de religion, parce que Henri VIII supplicia 70.000 catholiques ! Autant vaudrait dire que la Norvège, dont la Chambre, il y a dix ans, abrogeait les lois interdisant nos congrégations religieuses, est intolérante, parce que, comme dans la Grande Bretagne, il y a moins d'un siècle, la profession de catholique était condamnée à la peine capitale. Les Anglais, les Norvégiens ont évolué. Pourquoi les Turcs n'auraient-ils pas

---

[1] V. *La chanson de Roland*, v. 101 ; — Taine, *Hist. de la littérature anglaise* (1895), t. II, p. 121 ; — Léon Gautier, *La Chevalerie*, p. 750, etc.

fait, bien que plus lentement peut-être, leur évolution, eux aussi, dans le sens de la tolérance ? Mais je crois pouvoir démontrer que, plus qu'en certains pays chrétiens, leur législation fut tolérante, comme l'impose la religion de l'Islam.

Quant aux massacres des Arméniens en 1894-1896, l'indignation qu'ils soulevèrent fut si grande qu'on alla jusqu'à dire, dans certaines chancelleries, dans un grand nombre de journaux — et j'ai eu la surprise de retrouver le propos, ces jours-ci, sous la plume d'un journaliste distingué, — qu'il fallait chasser les Turcs hors d'Europe, les renvoyer en Asie.

Je ne sais si vous comprenez ce raisonnement, si vous admettez que ce qui est crime sur une des rives du Bosphore ne soit plus crime sur l'autre rive ; comment on puisse se résigner aux spectacles d'horreurs, dans un quartier de Constantinople, quand on ne peut les supporter dans un autre quartier ; comment, ce qui n'est pas tolérable à Stamboul pourrait être toléré à Scutari ?

Non. Le mal est le mal ; le crime doit être poursuivi partout, et je crois que dans la patrie de saint Vincent de Paul, nous serons tous ici d'accord pour proclamer que l'humanité n'a pas plus de frontières européennes, ou asiatiques, que la Charité ne doit avoir de limites au champ de son action.

On avait imaginé, pour arriver à cette conclusion, de prétendre qu'il y avait toute impossibilité de vivre avec les Turcs. « C'est, disait-on, une question de religion en même temps qu'une question de race ; c'est l'éternelle lutte du Croissant contre la Croix. L'Islam, c'est le fanatisme ! Les Musulmans abhorrent les Chrétiens, qu'ils voudraient exterminer jusqu'aux derniers. En les chassant d'Europe, les Chrétiens ne feraient donc que se défendre ; du moins ils éloigneraient et décimeraient les troupes ennemies... »

Eh bien ! interrogez nos missionnaires et nos sœurs de Charité, qui connaissent la Turquie. « Jamais le catholicisme, ses évêques, ses missionnaires, ses admirables religieuses n'ont été aussi libres et aussi protégés qu'à Constantinople », a dit avec raison l'un des plus courageux évêques de France [1].

Un capucin, d'une haute intelligence, qui depuis seize ans habite les contrées où les Arméniens ont tant souffert, me le répétait encore, il y a deux mois à peine : il n'est pas vrai que le Croissant soit l'ennemi de la Croix. Il n'est pas vrai que le Koran et le Chéri, que les textes et les enseignements de la théologie musulmane prescrivirent la haine du Christ. C'est le contraire qui est vrai. Il n'est donc pas juste de dire que, par religion, le Turc soit intolérant et fanatique.

Surtout, ne nous parlez pas des massacres de 1894-1896, car ils nous fourniraient précisément des témoignages indiscutables contre le prétendu fanatisme des Musulmans.

Vous comprendrez que je ne puisse pas traiter à fond cette question qui a fait couler tant d'encre, après avoir fait couler tant de sang. Mais permettez-moi, je vous prie, une simple interrogation : si les massacres d'Arméniens ont été suscités par des haines anti-chrétiennes, expliquez-moi pourquoi, hormis les Arméniens (et encore certaines catégories d'Arméniens), pas un chrétien n'a été massacré dans ces tueries.

Et pourtant les rites catholiques ne manquent pas, ni les sectes chrétiennes; personne n'a souffert : ni les latins, ni les maronites, ni les syriens-unis, ni les grecs-unis melkytes, ou syriens catholiques, ni les chaldéens-unis, ni les Bulgares-unis, ni les Grecs orthodoxes, ni les Syriaques ou Jacobites, ni les Nestoriens, ni les protestants, ni les Anglicans, tous chrétiens, tous épargnés, — sauf certains Arméniens? Si

---

[1] Mgr Turinaz, évêque de Nancy, cité par Ahmed Riza : *La crise de l'Orient*, Paris 1907, in-8°, I, p. 45

c'eût été une proscription *religieuse*, pourquoi le Croissant aurait-il, en ces journées abominables, respecté la Croix des autres chrétiens? Donc la raison en est ailleurs. Et c'est encore à l'Ancien Régime qu'il faudrait la demander.

Au mois d'août 1896, peu de jours avant les boucheries ordonnées à Constantinople et qui ont coûté la vie à 6 ou 8.000 Arméniens, j'avais vu, hôte du Palais, le fameux Ibrahim, chef d'une bande de pillards et d'assassins — pas autre chose ; — il fut, à ce moment-là, comblé d'honneurs et, sans doute, pour le punir de ses crimes, nommé général de division. Au même temps, on avait fait venir dans la capitale les régiments Kurdes, nouvellement créés sous le nom de Hamidiés. Si peu qu'on osa parler, je sus plus tard que l'on redoutait ce qui allait se passer. Et quand récemment le nouveau pouvoir voulut, en son œuvre d'épuration, destituer Ibrahim, celui-ci prit la campagne ; il fallut envoyer un régiment contre ses bandes de Millis et quand, après sa mort, on visita sa maison, l'on trouva dans son grenier et dans ses coffres deux millions de livres turques, soit 46 millions de francs [1] qu'il avait volés aux Arméniens — et aux Turcs.

Je dis « et aux Turcs » car, bien plus souvent qu'on ne se l'imagine, les pauvres Turcs ont été les victimes de ces pillards. Seulement, la charité politique, celle qui a ses frontières — et ses intérêts, — ne s'occupait point de tels parias; ce qui leur advenait n'avait pas d'importance ; ils n'étaient pas ce que l'on appelait des « protégés » et Dieu sait ce qu'il y aurait eu à dire sur la manière d'entendre et de pratiquer cette « protection » [2]!..

---

[1] Journal *La Turquie*, 5 octobre 1908.

[2] « Si les chrétiens ont eu à souffrir des abus de l'administration, disait Midhat pacha, en 1878, les musulmans eux-mêmes s'associaient à leurs griefs et désiraient vivement une amélioration de l'ordre de choses existant ; mais, comme les chrétiens... se faisaient l'écho de ces doléances, l'Europe fut amenée à croire qu'eux seuls souffraient?..,

Et pourtant il n'était pas rare de voir les Musulmans défendre les Arméniens, les cacher dans leur sélamlick, et jusque dans leur harem, s'astreignant à leur apporter eux-mêmes leur subsistance. Oui, en Turquie, le Croissant défendit bien souvent la Croix, ou plutôt là, comme partout, en notre temps, des hommes charitables n'hésitèrent pas à secourir d'autres hommes, qui ne pratiquaient pas leur culte.

Sans parler de ce trait connu de tous, du maréchal Fouad pacha (qui en fut odieusement puni plus tard), empêchant, le 26 août 1896, les massacres de s'étendre à Kadikeui et Haydar pacha et se dressant au ponton des bateaux, revolver au poing, prêt à tuer les assassins officiels, qui durent reculer, pendant que tout près, à Scutari, un mollah de la mosquée Iskelessi défendait de toucher aux chrétiens ; sans parler aussi de cet iman de la sacro-sainte mosquée d'Éyoub (où les étrangers ne sont pas admis), qui ouvrit, toutes grandes, les portes de cette djami au troupeau d'Arméniens poursuivis par les bouchers du Palais ; faut-il rappeler, avec nos *Livres Jaunes*[1], qu'à Sassoun, le 28 juillet 1894, ce furent des officiers musulmans, qui repoussèrent les Kurdes, attaquant les Arméniens. A Van (juin 1896), la troupe fit ce qu'elle put pour empêcher les meurtres et c'est,

La Porte, par une anomalie malheureuse, mais honorable pour elle, avait accordé aux races chrétiennes plus de liberté et plus de moyens d'instruction qu'elle n'en avait permis aux Musulmans. » Les ennemis de l'Empire turc en profitèrent, mais « les plaintes qu'on entendait en Europe, du côté des chrétiens, ne venaient pas précisément de la persécution ou de l'oppression exercée par les Musulmans, mais bien de ce qu'on excitait chez les premiers des ambitions que, naguère encore, ils n'osaient avouer. » (*La Turquie, son passé, son avenir* par Midhat pacha, br. in-8°, publiée à Paris, 1901, par son fils Aly Haydar bey.)

[1] *Affaires Arméniennes*, notamment pp. 99, 196, 211, 227.

V° aussi les ouvrages de Mgr Charmetant sur *le Martyrologe arménien*, etc. ; les *Massacres d'Arménie*, avec préface de M. G. Clémenceau, pp. 25, 27, etc.

malgré elle, par ordre supérieur, que ces tueries eurent lieu. A Césarée (1895), un officier de haut grade déclarait que, s'il n'avait été commandé par le Palais, il eût, avec la population turque, empêché les massacreurs d'entrer dans le district d'Akdagh Maden. A Sivas (1896), les notables musulmans ne pouvaient maîtriser leur indignation contre Yldiz, qu'ils accusèrent formellement d'avoir ordonné ces crimes, comme le rapporte le *Memorandum du Foreign Office* remis le 21 octobre 1896 à notre ministre des Affaires étrangères par l'ambassadeur d'Angleterre. A Stamboul même, — à Koum Kapou, quartier du Grand Patriarcat arménien, c'est un commandant musulman, Hassan Aga, qui chasse les bandes d'égorgeurs. J'abrège, il le faut bien. Ces traits d'humanité si louables, c'est à chaque pas et chaque jour qu'on a la satisfaction de les constater. Partout des Turcs protégèrent des Arméniens, à leurs propres périls. Et l'on vit alors, à Sainte-Sophie, des prédicateurs fulminer contre les massacres, rappeler que les chrétiens de l'empire ne sont pas des ennemis, que ce sont des hôtes, des frères.

Sans remonter aussi loin — cette année même, — il n'y eut pas moins de 90 musulmans arrêtés, ensemble, y *compris le mufti*, jetés en prison et soumis à la torture, pour avoir défendu les chrétiens contre les brutalités des émissaires d'Yldiz, qu'on avait envoyés pour les piller et les massacrer.

C'est à ce propos que les deux Comités libéraux ottomans, à Paris, le comité d'initiative privée, « Constitution et décentralisation » (fondé par le prince Sabaheddine) et le comité « Union et Progrès » communiquèrent ensemble à la presse la note suivante : « Les partis Turcs d'opposition protestent avec « indignation contre les atrocités commises dans les diverses « provinces de l'empire ottoman, notamment à Van, et « contre les tortures infligées dans les prisons d'Erzeroum « aux Turcs et aux Arméniens qui réclament le régime « représentatif. »

J'ai pu avoir, en ce temps-là, et je l'ai publié dans un journal français[1], les jugements prononcés contre les patriotes Turcs, qui par esprit d'humanité et d'équité avaient défendu les chrétiens contre les bourreaux d'Yldiz. Et voici les peines portées contre ces musulmans : 8 furent condamnés à mort ; 18 à la détention perpétuelle ; 11 à 15 ans de prison ; 14 à 10 ans ; 1 à 5 ans ; 3 à 3 ans ; 14 à 1 an. On a été jusqu'à jeter en prison pour 6 et 8 mois des mineurs, de petits Turcs. On ne s'explique pas, après cela, comment le Tribunal, qui s'intitulait justement « extraordinaire », a pu prononcer 19 acquittements !

Voilà, n'est-il pas vrai, une preuve péremptoire de la haine des Turcs contre les chrétiens !

Et n'est-il pas plus exact de dire que ce «peuple est bon » pour répéter le jugement de M. de Metternich, qui fut celui de Lamartine, d'Élisée Reclus, Ed. Gibbon, Cesare Cantu, Gust. Le Bon, Robertson, Théophile Gautier, etc., de tous ceux, enfin, qui l'ont pu connaître.

J'ai peut-être étonné quelques-uns de mes auditeurs en assurant que l'Islam, loin de prêcher la haine des chrétiens prescrit au contraire de les respecter. — « Les Turcs vénèrent notre religion, tout en gardant la leur, et tiennent la France comme le plus grand pays[2] », disait une religieuse qui avait passé 40 années en Orient, de celles qui, par l'exemple des plus solides vertus chrétiennes et des plus aimables qualités françaises, s'en vont là-bas faire aimer le cœur et la tête de notre pays.

Ah ! « ce qu'ils détestent par-dessus tout, — j'emprunte ce témoignage à un économiste de la *Réforme sociale*, qui a longuement parcouru ces contrées, ce qu'ils détestent par-

---

[1] *Journal de Maine-et-Loire*, 10 mars 1908.
[2] Journal *Les Missions Catholiques*, 1905, p. 116.

dessus tout, c'est l'esprit *athée*. » Et notre compatriote citait à l'appui ces paroles d'un pacha : « Jamais je ne confierai l'éducation de mes enfants à des hommes qui ne prient pas [1]. »

En fait, la loi du Prophète proscrit *l'Athéisme* à l'égal de *l'Idolâtrie*. S'il y a parmi les Mahométans des fanatiques (je demande quelle religion n'en a pas, puisque l'irréligion même, vous le savez, a les siens?), on peut affirmer que ce sont de très rares exceptions, en contradiction formelle avec la loi musulmane et avec le tempérament des Turcs. C'est ce que faisait remarquer récemment le Comité de Salonique, dans une lettre à un homme d'État italien : « Si « notre nation, écrivait-il, le 20 septembre 1908, a traversé des « époques honteuses, elles ne représentaient pas l'âme « nationale, mais seulement le gouvernement des traîtres... « La nation ottomane est loyale et juste. Elle fraternise, « d'une façon sincère avec ses concitoyens, professant « d'autres cultes, et qu'elle n'a jamais vus, de son propre « arbitre, de mauvais œil. [2] »

---

[1] Gaston Bordat, *La Réforme sociale*, 1er février 1907. Sur la question des écoles, voir parmi les travaux les plus récents un résumé de M. P. Fesch, dans son livre, pp. 444-486.

[2] Le prince Sabaheddine, en son discours d'ouverture du *Congrès des Libéraux ottomans*, à Paris (1902), s'exprimait ainsi :

« Le régime présent, par un sophisme dont il convient de faire justice, s'applique à attribuer aux rivalités de races et de religions ou ces violences, ou cette inertie stérile et désolante, dont le pouvoir n'avait jamais donné de si fâcheux exemple, au cours de nos annales, et qui sont incompatibles avec tous principes d'humanité, d'équité et de civilisation ; tandis que les idées qui animent et qui remuent aujourd'hui toute la génération nouvelle, en Turquie, sont des idées de progrès, de justice, de tolérance et de liberté *pour tous*, sans privilèges exclusifs pour telle ou telle nationalité.

« Il faut qu'il soit bien entendu que les Turcs ne demandent rien pour eux-mêmes qu'ils ne le demandent aussi, et dans la même mesure, pour tous leurs compatriotes, musulmans et non musulmans.

« N'est-il pas avéré, d'ailleurs, que l'empire ottoman, dès le début

C'est ce que disait surtout, le mois dernier, l'organe autorisé du Cheik ul Islamat, la Revue des ulémas, le *Beyan el Hak* (La Vérité), dont les rédacteurs sont tous des professeurs de théologie musulmane, en assurant que les partisans de l'ancien régime « foulent aux pieds les dispositions de la loi islamique », concluant que, si « les Mahométans veulent « être agréables à Dieu, ils doivent suivre *son commande-* « *ment qui est de vivre en bonne intelligence avec les non* « *musulmans* [1]. »

Les ulémas ne font ici que répéter les prescriptions de leur religion.

Sans aller jusqu'à redire que l'Islam soit une secte chrétienne, nous retrouvons à chaque page du Koran [2], les grands enseignements de la Bible et jusqu'à nombre de préceptes de l'Évangile ; certaines croyances, certains dogmes chrétiens sont aussi des croyances et des lois musulmanes : la certitude de l'autre vie, du paradis, de l'enfer, du purgatoire, la prière pour les morts, les indulgences — rejetées par des protestants — sont aussi de la religion de l'Islam. Les Mahométans professent l'unité de Dieu, vous les avez, et, s'ils ne saisissent pas bien notre mystère de la Sainte Trinité, ils savent pourtant que les chrétiens ne sont pas des *idolâtres* ; or, seuls, les idolâtres sont, pour Mahomet, des *infidèles* qu'il faut combattre. « Les gens de l'Écriture » sont des frères, et

de sa constitution, n'a jamais manqué de respecter la langue, les mœurs, la religion de tous les peuples divers, à la destinée desquels il allait présider ? Au moment même où il se trouvait à l'apogée de sa gloire et de sa puissance, à l'époque où la mer Noire et la Méditerranée étaient presque des lacs ottomans, aux siècles où ses vastes territoires comptaient plus de 100 millions d'âmes, alors, les diverses nationalités soumises à l'Empire étaient respectées dans leur originalité... »

[1] Cités dans la *Turquie* du 28 octobre 1908.

[2] Le *Koran* (ou *Alcoran*) est, à la fois, code religieux, moral, civil et politique.

les « gens de l'Écriture », ce sont ceux qui croient à nos Livres Saints [1].

[1] Vᵒ les textes nombreux cités dans ma brochure : *Les Turcs sont-ils fanatiques ?* (Paris, 1897), pp. 15 à 30.

On peut lire aussi : *Tolérance musulmane*, par Ahmed Riza (*Revue Occidentale*, 1ᵉʳ novembre 1896), qui contient d'excellentes choses, mais en observant, toutefois, que l'auteur y professe une véritable hostilité contre nos écoles et nos missionnaires chrétiens, constamment attaqués dans son journal, *Mechveret*, bien que Frères des Écoles chrétiennes ou Jésuites de la Faculté de Médecine de Beyrouth aient eu, parmi leurs élèves, sans avoir cherché à faire du prosélytisme religieux, presque tous les Jeunes Turcs libéraux, partisans des libertés constitutionnelles. Ahmed Riza, dont la mère était catholique, s'est à ce point trompé sur le christianisme qu'il n'est sorte de préjugés bizarres qu'il n'ait acceptés pour vérités pures ; il suffit de dire qu'il est persuadé — puisqu'il le répète —, que « les docteurs et les théologiens se sont « demandé si la femme avait une âme » et, ajoute-t-il sentencieusement, « cette question a été débattue dans les Conciles !! ». (Vᵒ Ahmed Riza, *La Crise de l'Orient, ses causes et ses remèdes*, Paris, 1907, in-8ᵒ, p. 77.)

Tout récemment, M. Paul Labbé, secrétaire général de la Société de Géographie commerciale de Paris « disait avoir consulté sur place les hommes les moins suspects de cléricalisme et, de leur aveu et de celui de notre ambassadeur à Constantinople, M. Constans, * les écoles congréganistes rendent là-bas d'immenses services à la France. « Nous préférerions, lui a-t-on dit dans les milieux officiels, voir des écoles laïques, mais actuellement ce n'est pas possible ; il faut non seulement laisser subsister, *mais encore soutenir les écoles congréganistes*. Les combattre serait une grande faute. » M. P. Labbé déclarait faire cet aveu en dehors de toute considération politique et par pur patriotisme. Le *Journal de Maine-et-Loire* du 28 janvier 1909, à qui nous empruntons ces lignes, ajoute ceci : « M. Erzberg, député au Reischtag allemand, invitait récemment ses compatriotes à profiter des dispositions du gouvernement français hostiles aux missions catholiques.

« *La situation politique en France*, disait le député allemand, *paralyse de plus en plus l'action des missionnaires catholiques français aux colonies et à l'étranger. Profitons de cette circonstance qui est*

---

* On m'assure que, dans le conseil des Ministres, tenu à Paris le 22 décembre dernier, M. Constans allait être mis à la retraite. Son vieil ami, M. Fallières, insista pour qu'il fût maintenu jusqu'à ce qu'il eût terminé des *Mémoires* qu'il estime devoir être très utiles à son successeur.

Le prophète prête à l'Ange Gabriel cette sourate (ch. III, v. 7, 8). « Dis, nous croyons aux Livres Saints que Moïse, « *Jésus*, et les Prophètes ont reçu du Ciel ; *nous ne mettons* « *aucune différence entre eux, nous sommes musulmans.* »

C'est ce que pensait évidemment le bisaïeul du prince héritier, le sultan régnant alors, le Khalife des Croyants, qui laissait à sa femme (une Française ravie par les pirates d'Alger) toutes les facilités d'observer son culte, les Capucins étant autorisés à se rendre au Seraï impérial, pour dire la messe à la Sultane et lui administrer les Sacrements.

Le Koran dit ailleurs, en parlant des non-musulmans : « *Il ne t'appartient pas de juger leurs intentions*, comme il ne leur appartient pas de juger les tiennes. » (Koran VI, 52.)

Je vous le demande, sont-ce là des maximes d'intolérance ?

Mahomet confesse hautement la Mission divine de Jésus, qu'il appelle « le Verbe de Dieu », le « Messie » (ch. III), qui sera, dit-il encore, « témoin » au « jour de la Résurrection ». (ch. IV.) C'est « l'envoyé de Dieu auprès des Enfants d'Israël » (ch. III). Mahomet chante la gloire de Marie — « l'élue entre toutes les femmes », ainsi qu'il le proclame —, Marie, qui, dit-il, a conservé sa virginité intacte, ajoutant, au nom de Dieu. « Elle et son fils firent l'admiration de l'Univers » (ch. XXI).

Le Koran consacre entièrement le chapitre XIX à la mère du Sauveur, dans l'Annonciation. Il professe aussi l'authenticité de l'Évangile, auquel il emprunte tant de maximes.

favorable à nos intérêts nationaux : fondons de nouvelles missions allemandes, amenons de nouveaux concours aux missions anciennes, créons des écoles catholiques dans toutes les parties du monde. *C'est nous qui recueillerons ainsi l'héritage des missions françaises abandonnées par leur gouvernement.* »

« L'alliance que nous avons contractée avec les Prophètes, y lit-on encore, avec Noé, Abraham, Moïse et *Jésus*, fils de Marie, doit être *inviolable*. » (Ch. XXXIII).

Sont-ce là des enseignements, je le répète, qui doivent amener des haines entre le Croissant et la Croix?

Avons-nous donc, dans nos rapports sociaux — comme cela pourrait être, par exemple, avec certaines religions d'Extrême-Orient — de telles divergences, sur des questions fondamentales, que nous ne puissions nous tolérer et vivre fraternellement, comme aujourd'hui, grâce à Dieu! nombre de chrétiens et de musulmans savent vivre, sans renoncer à leur foi?

On trouvera, sans nul doute, des musulmans qui détestent les chrétiens ; on trouvera même des chrétiens ou des musulmans qui se détestent entre eux.

Mais ni les uns ni les autres n'observeront les préceptes de leur religion [1].

D'ailleurs Mahomet reconnaît, dans le Koran, que « ceux « qui sont le plus disposés à aimer ses disciples ce sont « les hommes qui se disent chrétiens » (V. v, 85). Et réciproquement, peut-on dire.

Aussi, lorsque le Khalife Omar entra en vainqueur à Jérusalem, « il ne fit aucun mal aux chrétiens [2] ». On raconte qu'à l'heure de la prière, bien que tout puissant, il ne voulut pas entrer dans l'église du Saint-Sépulcre sans la permission du patriarche Élias. Il alla jusqu'à défendre aux musulmans d'aller plusieurs fois prier dans une même église, de crainte qu'ils ne fussent tentés de la transformer en mosquée.

---

[1] L'insulte de *giaour*, si souvent évoquée, d'ailleurs punie par le Code pénal, est une grossièreté qui n'est pas exclusivement réservée aux chrétiens : les musulmans ne se font pas faute de se la jeter au visage, dans leurs propres querelles.

[2] Michaud, *Histoire des Croisades*, etc.

A Constantinople, au xve siècle, quand le Sultan Mahomet II conquit la capitale actuelle de l'empire Turc, voulut-il courber tout le monde sous le même joug? non pas. Aux chrétiens, aux Grecs, aux Arméniens, il entendit conserver les franchises dont ils n'ont pas cessé de jouir : le libre et public exercice de leur culte, leurs langues, leurs lois civiles, leurs tribunaux et leurs écoles chrétiennes « sur lesquelles « le gouvernement n'a jamais exercé de contrôle [1]. »

On vit même ce fait inouï : lorsque le patriarche grec fut reçu solennellement au Palais impérial, le sultan, qui jamais ne se levait devant qui que ce fût, dérogea à cet usage, en l'honneur du chef spirituel d'une nation conquise ; Mahomet II fit dix pas au-devant de lui, le prit par la main et le fit asseoir à son côté ; puis il lui donna, comme en une sorte de nouvelle investiture, un sceptre qui est encore aujourd'hui porté devant le Patriarche actuel dans les grandes cérémonies [2].

Aujourd'hui encore, les soldats turcs — jusqu'à ce jour, tous exclusivement musulmans — font une garde d'honneur à nos processions de la Fête-Dieu, escortent nos évêques et présentent les armes au Saint-Sacrement ! Nos missions sont dispensées d'impôts. Voilà le spectacle que nous offrent en Turquie, ces prétendus fanatiques et intolérants !

Citoyen d'un pays catholique, qui a toujours marché à la tête de la Civilisation, chrétien et français, il me serait aujourd'hui particulièrement douloureux de trop insister.

Mais n'est-ce pas aussi le conquérant de Constantinople qui entretint avec le Pape Nicolas V des relations tellement amicales qu'il alla jusqu'à lui faire entrevoir qu'il ne serait

[1] Midhat pacha, *La Turquie* (1878), p. 14.
[2] *Ibid.*

pas impossible que, mieux instruit, il ne se convertît au christianisme? J'ai cité sa lettre [1] dans mon étude *Le Fanatisme en Turquie* [2].

Je crois avoir démontré, autant que cela est possible en quelques phrases, que ni leur naturel, ni leur religion, ni le Koran, ni le Sonna [3] ne font des Turcs fanatiques et intolérants.

Mais comment retrouver leurs qualités, sous le régime corrupteur qui a fonctionné plus d'un quart de siècle? Eh bien ! il faut avouer qu'après pareille épreuve il a fallu que ces qualités, contraintes à se cacher, réprimandées, punies, aient eu des racines bien profondes, pour qu'Yldiz ne les ait pas à jamais extirpées et que l'évolution qui s'accomplit ait pu si facilement les voir renaître, que ceux-là même qui ont failli (spectacle original, sinon inattendu) ne soient pas les moins empressés à en proclamer l'excellence.

Jusqu'à ces derniers mois, la Turquie est devenue véritablement un enfer. Le crime y triomphe insolemment. Les vices y sont honorés. Toutes les vertus natives de ce « peuple

---

[1] « Quand ma tâche de pacificateur sera terminée, écrit Mahomet II au pape Nicolas V, il n'est pas impossible que, instruit, par toi et par tes prêtres, des miracles et de la vie de Jésus, j'embrasse ta religion ; des astrologues me l'ont prédit. Quant à moi, je laisserai au Ciel le soin de m'inspirer. » *Querini cardinalis Epistolæ*, in-4°, Brescia, 1741, p. 504.

Il convient de rapprocher ce document de l'Encyclique de Léon XIII : *Orientalium dignitas*, ordonnant aux collèges latins de fournir à leurs élèves d'Orient la faculté de garder les pratiques de leur culte, conformément, d'ailleurs, à la première épître de saint Paul aux Corinthiens.

Voir encore les documents cités dans le livre de M. Paul Fesch, pp. 471, 472, etc.

[2] *Nouvelle Revue* (Paris 1897).

[3] Livre qui contient les traditions de la religion musulmane et fait partie du *Chéri*.

bon », tout ce qui est honnête et louable y est poursuivi, traqué, flétri. Ces mots qui font vibrer les cœurs, ces mots sacrés de Patrie, Honneur, Fraternité, Justice, Progrès, Réformes, Civilisation, Humanité, Liberté sont punis comme des offenses à la souveraineté suprême. La plus légitime indépendance, l'acte le plus conforme à la dignité humaine sont inhumainement réprimés. La conscience paraît endormie, le pouvoir semblant prendre à tâche de calomnier toutes les races des Ottomans et de les confondre dans une même haine, une même réprobation.

Aussi l'élite de l'empire est-elle condamnée à étouffer ses plaintes, à dévorer ses larmes, jugées subversives. Presque tous les honnêtes gens se voient privés de toutes faveurs, de toute justice. Pour eux, pour les patriotes, les loyaux, les probes, les « vrais Turcs », aucun avancement assuré : la confiscation, la dégradation militaire, l'exil, la prison, la torture, la mort, l'étranglement dans les cachots, les accidents à travers les routes de l'Hedjaz, les noyades dans le Bosphore et la Marmara.

Cependant que l'espionnage (interdit par le Koran) était érigé en institution d'État, la première de toutes ; qu'il recevait honneurs et profits ; les délateurs se partageant avec les concussionnaires, les dépouilles du pays ; un ministre de la marine donnant à Yldiz le tant pour cent de ses « opérations » et laissant 80 millions de francs à sa succession (ce dont le Palais s'empara, d'ailleurs) ; des favoris édifiant une fortune scandaleuse sur l'exploitation de l'armée. Et c'est ainsi que ce vaste empire, autrefois si puissant, toujours si vaillant [1], qui compta plus de 100 millions d'âmes, autorisait toutes les convoitises, laissait détacher de la Turquie la Bulgarie, la Bosnie, l'Herzégovine, la Géorgie, la

---

[1] Le prince Nicolas de Monténégro a fait, en 1879, une vibrante poésie, *Au Turc*, où il célèbre la vaillance de ce peuple, en rappelant ses exploits, et qui fait autant l'éloge du souverain poète que de son

Thessalie, la Tunisie, l'Égypte, la Roumélie Orientale, Chypre et la Crète.

Elle allait perdre jusqu'au dernier lambeau de son territoire, si l'acte libérateur du mois de juillet dernier, cet acte que l'Europe, que l'humanité tout entière a salué des mêmes sympathies, des mêmes espérances, n'avait mis un terme à un état de choses qui demeurait la honte et l'opprobre du xxᵉ siècle.

Impossible, tant le nombre en est grand, de citer les noms des victimes de cet état d'anarchie et de despotime.

Le 18 septembre dernier, à bord du yacht du prince Aziz, pacha d'Égypte (nommé depuis commandant de la cavalerie du 2ᵉ corps d'armée), j'eus le grand plaisir de dîner avec un soldat dont la physionomie sympathique reflète l'intelligence et la loyauté : — C'est, me dit-on, Nazim pacha, le nouveau commandant du corps d'armée d'Andrinople, le plus brave et peut-être le plus capable de tous nos généraux [1].

Il revenait d'Erzindjan (chef-lieu du 4ᵉ corps d'armée), où le Palais l'avait exilé, après lui avoir arraché, comme à un soldat félon, tous les galons qu'on vient heureusement de lui rendre et qu'il avait, un à un, glorieusement gagnés :

héros. Citons-en les dernières strophes (d'après la traduction de M. Alex. Martinovitch) :

« Quoique tu sois mon vieil ennemi, on m'irrite lorsqu'on te déprécie. Je demande celui qui peut t'égaler dans le combat.

« Exception faite de nous, poignée de pauvres ! Et, maintenant que nous nous connaissons, il ne nous reste plus qu'à avoir, l'un pour l'autre, l'estime qui est due à des cœurs vaillants.

« Ah ! que nos peuples, exténués de fatigue, respirent un peu plus librement ! Que ces jours bienfaisants du travail et de la civilisation leur apparaissent enfin !... »

[1] Nazim pacha, élève de Saint-Cyr, fut nommé, vingt-quatre heures, ministre de la Guerre, à la veille de la retraite du grand vizir Kiamil pacha, le 13 février dernier.

il a passé sept années dans un cachot et il venait de s'enfuir quand éclata la révolte de 1908.

En même temps que Nazim pacha, dans les mêmes conditions d'injustice, le maréchal Fouad pacha, le vainqueur d'Ellena, à qui Constantinople vient de faire une rentrée magnifique, était exilé à Damas. De même, le patriarche Izmirnian, autre victime de la camarilla, récemment rendu à l'affection, à l'estime des Arméniens qui l'ont réélu, ces jours-ci, patriarche de Constantinople.

Ainsi de tant d'hommes, de tous rangs et de tous grades, officiers, médecins, avocats, sophtas, ulémas, prêtres de tout rite, qui, proscrits en nombre incalculable, n'auront pas tous pu voir la Renaissance de la Turquie, car la misère, la détention, les supplices, la mort secrète, sont venus à bout de leur énergie et de leur vaillance.

— J'ai passé, sans voir la lumière du jour, huit mois dans un cachot de Tripoli[1], me disait à Smyrne, ces semaines dernières, un brave jeune homme dont les cheveux avaient déjà blanchi et qui me laissa voir ses doigts déformés par le bourreau.

— Vous étiez désespéré? fis-je.

Et lui, de sa voix la plus calme et la plus douce, il me répondit :

— Non... Plusieurs sont morts autour de nous. Nous pensions que si l'on ne nous délivrait pas enfin, quelque jour,

---

[1] Ce fut le supplice de nombreux élèves de l'École militaire de Pancaldi, parmi lesquels notre ami A. Fazli bey (le dévoué secrétaire général de la *Ligue d'Initiative privée, Constitution et décentralisation*, à Paris, l'un des principaux fondateurs, à Constantinople, de *l'Union libérale ottomane*, que l'on calomnie lorsqu'on lui donne des visées de « fédéralisme », d' « autonomie », de « séparatisme », on devrait le savoir), un Jeune Turc dont la droiture, l'énergie et l'intelligence doivent rendre de grands services à la Nouvelle Turquie. Voir son interview dans le *Monde Hellénique* d'Athènes, 13 août 1908 et sa lettre au *Siècle*, du 5 août 1905.

eh bien ! ce que nous souffrions ainsi servirait à la libération
de la patrie !

Je viens de parler de bourreau. Rien ne pourrait rendre
les horreurs commises, au Palais impérial même, ou au poste
de police de Béchik Tasch, sous le tortionnaire géant Hassan
pacha et jusqu'à ces derniers mois encore. J'ai essayé, il y
a onze ans, d'en dire quelque chose en la *Nouvelle Revue* [1].
Le mois dernier, un prince me racontait qu'ayant eu, naguère,
le privilège de se promener dans le parc d'Yldiz, si jalousement surveillé, il crut entendre, un soir, comme des gémisse-
ments, des plaintes étouffées, sortant de la maison d'un
iman, qu'il savait un des bourreaux en faveur. Discrète-
ment il s'approche : c'est la voix brisée d'un malheureux
supplicié criant : — « Allah ! Allah ! tuez-moi ! Ayez pitié !...
achevez-moi !... » Pour compléter l'horreur, le temps était
à l'orage, un éclair illumina ce lieu infernal et laissa voir,
à travers des persiennes entr'ouvertes, la figure d'un très
haut personnage, qu'il n'eût pas été sans périls de reconnaître, mais qui avait tenu à venir surveiller, par lui-même,
si l'on saurait arracher les secrets du condamné, sans trom-
per sa peur.

Faut-il décrire quelques-uns des supplices imaginés par
l'ancien régime et que l'odieuse Inquisition espagnole eût
pu envier?

Le plus doux était l'introduction du patient, face contre
terre, sous un divan, pour lui flageller les jambes et les
reins.

Des menottes spéciales écrasaient, à l'aide de vis, la pha-
lange supérieure des pouces, faisant éclater les ongles et,
me disait un médecin patriote, soumis à ce tourment, quand,
ensuite, on recevait un coup sec sur l'extrémité des doigts,

----

[1] *Nouvelle Revue*, 1897, p. 72-78.

il semblait qu'on sentait un poignard pénétrer dans le cœur.

Je ne pourrais pas tout dire, ici ! A l'aide de tenailles de bois, on serrait certaines parties du corps, jusqu'à écrasement, avec toutes les complications morbides qui devaient s'ensuivre : Midhat pacha et un gendre d'Abdul Medjid lui-même connurent ce supplice abominable [1].

Et le nombre de ces torturés, de ces exilés, de ces noyés ou assassinés dépasse toute imagination. Il serait impossible, évidemment, d'en dresser une statistique exacte. Le « fonctionnaire » le plus apte par ses services à en avoir une idée approximative, disait, en 1899, au beau-frère du Sultan, qu'il en estimait le nombre à 4 ou 500.000, au moins, depuis le règne d'Abdul Hamid II : c'est de son confident que je tiens ce renseignement.

On ne s'arrêtait même pas toujours devant la faiblesse d'une femme ou d'un enfant. On ne jette plus, au sérail, les favorites dans un sac de vipères, si tant est qu'un despote l'ait jamais fait un jour. Mais, si les procédés ne sont pas les mêmes, le résultat n'en est pas très différent. Pour un caprice, pour la peur d'un attentat imaginaire, pour avoir osé présenter une requête du Sultan Mourad, telle dame du Palais, telle enfant a été brûlée ou jetée dans le Bosphore [2].

Un élève de l'école militaire de Pancaldi vint, il y a deux ans, me voir à Paris ; soupçonné de complot, parce qu'il avait lu je ne sais quel livre faisant l'éloge de la Liberté, il était parvenu, non sans peine, à s'échapper, à s'enfuir. On s'en prit à sa pauvre vieille mère, sexagénaire, qui bientôt mourut en prison, sans savoir seulement pourquoi on l'avait arrêtée.

---

[1] V° *Un horrible assassinat... Midhat pacha* (Genève, 1898, br. in-18).

[2] Voir, entre autres, mon article dans la *Nouvelle Revue*, 1897, pp. 72-78.

Plus d'une fois, vers la Pointe du Seraï, où les cadavres habillés, charge aux pieds, se dressent en un fantastique appel, amenés là par les forts courants du Bosphore à la Marmara, des scaphandriers et des plongeurs, terrifiés d'un spectacle aussi macabre, refusèrent de continuer leurs sondages [1].

La vie, même sans parler des tortures, était sans cesse contrariée, gênée, opprimée.

Les membres de la famille impériale, eux-mêmes, n'étaient pas toujours libres de sortir, de se voir, de se fréquenter. Me trouvant, il y a quelques semaines, dans un Palais du Bosphore, avec deux princes et priant l'un d'eux de vouloir bien me dire le nom d'une des Altesses (que j'avais mal entendu, lors des présentations, comme il arrive souvent, même avec des noms familiers), vous ne pouvez imaginer l'ébahissement que je vis alors sur son visage. Après avoir considéré l'autre prince, un bon moment, il me répondit en souriant : — Je dois vous avouer que je ne sais pas comment il s'appelle. Je sais que c'est mon cousin ; mais vous comprenez, sous l'ancien régime, nous ne nous étions jamais vus...

L'un et l'autre paraissent dépasser la trentaine !

Le prince Selim, le fils aîné du Sultan, fut relégué plus de vingt années dans son appartement, sans pouvoir sortir, tenu à l'écart comme un lépreux, parce qu'un jour on l'avait surpris à marquer d'un trait, sur la carte d'Europe, les pertes de l'empire. Son père (dont les connaissances géographiques sont assez bornées, puisqu'il se préoccupait récemment de faire prendre les correspondances de l'île de Samos, par... l'Orient-Express) supposa que ces études préparaient de noirs complots et allaient mettre le feu à des machines explosibles.

[1] Plusieurs personnages dignes de foi me l'ont affirmé, notamment le commandant Chopart, qui eut un service maritime à Kadikeui.

Le fils favori, le prince Burrhaneddine lui-même, celui que Guillaume II, d'accord avec Abdul Hamid, désirait voir prendre le titre d'héritier présomptif, en place de S. A. I. le prince Mohamed Réchad effendi — le futur Mehmed V, — disait l'autre jour, avec son frère le prince Ahmed, à la vue d'une Bibliothèque instituée par Hamdy bey, près du grand musée de Stamboul : — Eh ! nous aussi, jusqu'alors, on nous privait de livres !...

L'existence de l'héritier présomptif ne fut qu'une longue séquestration et il lui a fallu des efforts extraordinaires pour acquérir les connaissances indispensables à un prince qui, du jour au lendemain, peut devenir empereur et Khalife.

On le connaît à peine, bien qu'il ait aujourd'hui 64 ans, Vous n'ignorez pas que dans la succession des sultans, c'est toujours l'aîné de la famille qui est appelé à régner [1].

---

[1] L'article 3 de la *Constitution*, promulguée le 12-23 décembre 1876, dit (article 3) : « La souveraineté ottomane, qui réunit dans la per- « sonne du souverain le Kalifat suprême de l'Islanisme, appartient « à *l'aîné des princes* de la dynastie d'Osman, conformément aux « règles établies *ab antiquo*. »
Voici, en conséquence, la liste, par ordre, des héritiers présomptifs ; je crois qu'elle n'a jamais été publiée :
L. A. I. les princes :

1° Mohamed *Rechad* effendi (*Mehemed V* ou *Mahomet V*), né le 3 novembre 1844 (troisième fils du sultan Abdul Medjid, dont le pre- mier fils fut le sultan Mourad V, le Martyr, et le second, le sultan actuel, Abdul Hamid II) ;
2° Youssouf *Izzeddin*, né le 9 octobre 1857 (fils aîné du sultan Abdul Aziz) ;
3° *Suleyman*, né en 1860 (huitième fils d'Abdul Medjid) ;
4° *Vahid Eddine*, né le 12 janvier 1861 (9e fils d'Abdul Medjid) ;
5° *Salah Eddine*, né en 1866 (fils aîné du sultan Mourad V) ;
6° *Abdul Medjid*, né le 27 juin 1868 (troisième fils d'Abdul Aziz) ;
7° *Mehmed Selim*, né le 11 janvier 1870 (fils aîné d'Abdul Hamid II);
8° *Seyf Eddine*, né en 1872 (deuxième fils de Mourad V) ;
9° *Tewfik*, né en 1874 (fils du feu prince Bourhan Eddine, mort en 1885, qui était le sixième enfant d'Abdul Medjid) ;

L'héritier du trône est le troisième fils d'Abdul Medjid ; né le 3 novembre 1844, il n'a que 22 mois et demi de moins que son frère Abdul Hamid II. Pendant sa jeunesse, à cet âge où l'on ne sait guère dissimuler, il était fort sympathique à tous, d'une bonté touchante, très loyal, très franc. J'ajouterai, parce que j'en suis sûr, très libéral ; fort séduit par les institutions parlementaires anglaises ; plein d'estime et d'affection pour la France. C'est le type du brave et honnête homme, dans toute l'acception du terme, et la Turquie aura en lui un monarque aimant sa patrie, dévoué au peuple, soucieux de la justice, désireux de voir compléter l'évolution de l'empire dans le sens du progrès véritable ; enfin un Constitutionnel sincère, car nul ne souhaita plus que lui les événements qui viennent de s'accomplir.

Traité par l'ancien régime en véritable paria, en ennemi, entouré d'espions [1], privé de ressources (il n'avait pas tou-

10º *Zia Eddine*, né en 1876 (fils aîné du prince héritier Réchad effendi) ;

11º *Abdul Kâdir*, né le 28 février 1878 (quatrième enfant d'Abdul Hamid II) ;

12º *Ahmed*, né le 14 mars 1878 (cinquième enfant du même sultan) ;

13º *Nedjin Eddine*, né en 1881 (deuxième fils de Rechad effendi) ;

14º Mohamed *Burhan Eddine*, né le 19 décembre 1885 (septième enfant d'Abdul Hamid II) ;

15º *Abdoul Halim*, né en 1890 (fils du prince Suleyman, troisième héritier) ;

16º *Djemal Eddine*, né en 1891 (fils de feu Chevket, mort en 1899, qui était le cinquième fils d'Abdul Aziz) ;

17º *Abdour Rahime*, né en 1892 (dixième enfant d'Abdul Hamid II), etc...

[1] Le *Sabah* de novembre 1908 demandait avec raison pourquoi il y avait encore deux *tufenkdjis* au palais de S. A. I. le prince héritier et deux autres au palais du prince Salaheddine, fils du sultan Mourad, aux appointements de 340 francs par mois, plus la nourriture, pour espionner les princes ? — Il convient d'ajouter qu'une interpellation eut lieu, à la Chambre, sur le rôle mystérieux d'un de ces *Tufenkdjis*, dans l'appartement du prince héritier : on parla déjà d'un attentat. (Voir les journaux de Constantinople du 4 janvier dernier ; à rapprocher de la chute de Kiamil pacha, le 13 février suivant.)

jours le nécessaire), moins que personne, sauf son frère Mourad V, il n'eut la possibilité d'aller et de venir en liberté, ou de s'entretenir avec qui bon lui semblait. Ceux qui ne détournaient pas la tête, en apercevant sa voiture, étaient signalés par la police ; ceux qui le saluaient étaient arrêtés comme conspirateurs.

Il ne faut pas s'étonner si, sous un tel régime, presque tous les hommes éclairés, qui le pouvaient, cherchaient à fuir. Aussitôt, leurs biens étaient séquestrés, confisqués, leur famille opprimée ; ils étaient souvent condamnés à mort par contumace [1], subissaient toutes les avanies, traqués parfois indignement jusque dans leur asile étranger, grâce aux espions qui pullulaient partout, non seulement à Constantinople, en Turquie, mais dans toute l'Europe et même à Paris, où plusieurs centaines trouvèrent accueil à l'ambassade, jusqu'à ce qu'en 1902 le cabinet se décida à les chasser, sur

---

[1] Dans le procès de l'ambassade de Turquie à Paris, le 27 janvier 1903, pour arracher le corps de S. A. Damad Mahmoud pacha à ses fils, l'avocat de Munir bey dit, en ses conclusions : « Attendu que « Mahmoud pacha et ses fils ont été condamnés à mort pour rébel- « lion, apostasie (*sic !*) et attentat contre la sûreté de l'État..., qu'ils « ont perdu, par l'effet de ces condamnations » (qui, d'ailleurs, ne leur furent jamais signifiées) « tous leurs droits civils, civiques et de « famille, etc... » Il est superflu d'ajouter que jamais Damad Mahmoud pacha ni ses fils n'ont changé de religion. A ce mensonge on en avait joint un plus gros, si c'est possible ; on avait osé faire intervenir faussement S. A. I. la princesse Seniah sultane, pour la revendication du corps de son mari ; bien plus, j'ai eu entre les mains une lettre où l'on avait été jusqu'à apposer la signature de la princesse et qui, adressée à ses fils par le Ministère des Affaires étrangères et l'Ambassade de Paris, le jour même de l'inhumation au cimetière musulman du Père-Lachaise, tenait sur le noble patriote que fut Damad Mahmoud pacha le langage le plus contraire aux idées de Seniah sultane, engageant ses fils à venir se jeter aux pieds du Sultan, « l'auguste bienfaiteur de tous, dont la clémence et la miséricorde, y lisait-on, s'étendent sur tout le monde ». Il va sans dire que la princesse n'en eut pas même connaissance. C'était un faux : les princes n'en ont pas douté un instant, d'ailleurs.

les instances des Libéraux ottomans, sans arriver toutefois à en détruire l'engeance. Et ce n'est pas la moindre curiosité de ce temps que de voir à Péra, aux Petits-Champs, partout, quelques-uns de ces espions se promener, avec la cocarde rouge et blanche des Libéraux constitutionnels, au milieu des officiers et civils que leur vilain métier fit tourmenter et proscrire ! Quelques-uns même n'ont-ils pas eu l'audace de faire dire par des journaux réputés qu'ils avaient souffert de l'exil et travaillé pour la Liberté, et certains n'ont pas eu trop à s'en repentir, car — comme nos ex-régicides devenus barons de l'Empire — ils ont su, pour une raison ou pour une autre, conserver leurs postes ou s'emparer des fonctions les plus recherchées.[1]

Mais, pendant que les exilés patriotes, en Europe, apprenaient à connaître sur place les effets de la civilisation, les institutions libérales, ils se mettaient en contact avec les Ottomans restés dans leur pays, par leurs Comités, leurs journaux, comme à Paris, à Genève et en Égypte, dès 1878, la *Jeune Turquie* d'Halil Ganem, puis, le *Mizan* de Mourad bey, le *Mechveret* d'Ahmed Riza[2], avec la devise positiviste « Ordre et progrès » (d'abord interdite par l'Union et Progrès), l'*Osmanli*, le *Moniteur ottoman*, le *Terekki* du prince Sabaheddine, Fazli bey, etc[3]. D'autre part, les exilés de l'intérieur de l'empire devenaient nécessairement les Apôtres et les propagateurs des idées de réforme. L'évolution politique se préparait ainsi. Malheureusement les groupements, trop nom-

---

[1] Il y en a même qui se firent élire députés ; on en a invalidé plusieurs ; il en reste encore.

[2] Voir dans la collection de ce journal les numéros du 15 août 1897 et du 1er janvier 1906, entre autres, avec le *Programme de la Jeune Turquie*.

[3] Organe de la *Ligue*, fondée par le prince Sabaheddine, le *Terekki* (*Progrès*) était une sorte de correspondance publiée en turc, depuis plusieurs années, et envoyée par des émissaires aux affidés, jusqu'aux extrémités de l'empire ottoman.

breux, éparpillés, dispersés, restaient sans force. Il fallait leur donner conscience de leur pouvoir en les réunissant, en les unissant.

Dans tous les pays, dans tous les temps troublés, les hommes d'action ignorent trop souvent qu'ils ont la majorité et qu'il suffirait de marcher ensemble pour triompher de l'audace et de la tyrannie de leurs adversaires. C'est pour donner cette confiance en eux aux divers Comités ottomans, Turcs, Grecs, Arméniens, Albanais, Circassiens, Kurdes, Israélites, Arabes, que, sur l'initiative du prince Sabaheddine et sous la présidence d'honneur de Damad Mahmoud pacha, retenu éloigné par sa santé, délibéra, du 4 au 9 février 1902 (à Paris, chez un membre de l'Institut de France, M. Lefèvre-Pontalis, qui s'empressa, sur ma demande, de lui ouvrir ses salons), le *Congrès des Libéraux ottomans*, réunissant pour la première fois quarante-sept libéraux de toutes les nationalités, sous les drapeaux ottoman et français. Et c'est de ce jour-là surtout, on peut le dire, que la Turquie put entrevoir, prochaine, l'aurore de la Liberté.

J'aurais plaisir à rappeler, avec les résolutions prises [1] et

---

[1] Voici les résolutions votées (en 1902) au Congrès des Libéraux ottomans, la discussion ayant lieu en turc et en français :

« 1° Nous repoussons toute solidarité entre les peuples ottomans et le régime sous lequel nous vivons depuis vingt-cinq ans, régime d'oppression, l'unique source des méfaits qui se commettent dans l'Empire et qui soulèvent l'indignation de l'humanité tout entière ;

« 2° Nous entendons établir, entre les différents peuples et races de l'Empire une entente qui assurera à tous, sans distinction, la pleine jouissance de leurs droits reconnus par les Hatts impériaux et consacrés par les traités internationaux, leur procurera les moyens de satisfaire d'une manière complète leurs légitimes aspirations, de prendre part à l'administration locale, les mettra sur un pied d'égalité au point de vue des droits comme des charges incombant à tous les citoyens, leur inspirera le sentiment de fidélité et de loyalisme envers le trône et la dynastie d'Osman, qui, seule, peut maintenir leur union ;

« 3° Nous nous appliquerons, en toute circonstance, à faire conver-

renouvelées les 27-29 décembre 1907, en un nouveau Congrès, réuni par les trois groupes *Terekki*, *Mechveret*, *Armémien*, les noms des exilés qui prirent part à cette œuvre d'émancipation. Mais en un si court espace de temps je ne saurais y songer.

ger les vœux de tous les peuples ottomans et les efforts de tous les patriotes vers ce triple but : *a*) maintien de l'intégrité et de l'indissolubilité de l'Empire ottoman ; *b*) rétablissement de l'ordre et de la paix à l'intérieur, condition essentielle du progrès ; *c*) respect des lois fondamentales de l'Empire, notamment de la Constitution promulguée en 1876, qui en est incontestablement la partie la plus importante et qui offre la garantie la plus sûre et la plus précieuse des réformes générales, des droits et des libertés politiques des peuples ottomans contre l'arbitraire ;

« 4° Nous proclamons notre ferme résolution de respecter les traités internationaux et particulièrement le traité de Berlin, dont les dispositions, en ce qui concerne l'ordre intérieur de la Turquie, devront être étendues à toutes les provinces de l'Empire. »

Le *Mechveret* du 15 février 1902, consacré tout entier à ce Congrès s'attache, avec une évidente complaisance, à vouloir démontrer qu'une scission s'est aussitôt produite entre Ahmed Riza, ses amis et la majorité sur la question qu'ils appellent inexactement de « l'intervention étrangère » ; ceux-là n'ayant jamais voulu accepter, malgré toutes explications, un appel au *concours moral*, au *concours bienveillant* des puissances signataires du traité de Berlin, en faveur des Réformes et s'obstinant à y voir, ce qui ne pouvait s'y trouver, une intervention de la force, unanimement repoussée par la majorité du Congrès. Il convient d'ajouter que le *Mechveret* du 15 février 1902 ne reproduisit pas les résolutions officielles du Congrès que nous donnons ci-dessus.

Dans le *Memorandum adressé aux Puissances par l'organisation intérieure du Comité ottoman d'Union et de Progrès pour la défense des droits et des intérêts ottomans en Macédoine*, il est dit textuellement que « le *meilleur service* » que l'*Europe* puisse « rendre aux Ottomans, « c'est, d'une part, d'arrêter en bloc son action réformatrice en « Macédoine et, d'autre part, d'*exercer sur le Sultan, à Constantinople*, « *la pression nécessaire* pour que l'absolutisme cède la place à la « Constitution ». Ces lignes ont été publiées en tête de l'avant-dernier numéro du *Mechveret* d'Ahmed Riza, le 1er juillet 1908. Mais n'est-ce pas cela que le *Congrès des libéraux ottomans*, réuni, en 1902, à Paris par le prince Sabaheddine, demandait, en sollicitant le *concours moral* des puissances étrangères? Et alors, comment expliquer que Ahmed Riza et trois ou quatre de ses amis aient déclaré

On me permettra d'évoquer, exceptionnellement, la noble et intègre figure de Damad Mahmoud pacha, parce que c'est cette personnalité que j'ai le plus et le mieux connue, grâce à l'amitié qu'elle m'a témoignée, jusqu'à son dernier soupir, le 18 janvier 1903, près de Bruxelles, et parce que, depuis son arrivée en 1899 jusqu'à ce jour, son très digne fils, le prince Mohamed Sabaheddine n'a pas cessé de me donner des preuves de confiance et d'affection, qui lui ont acquis mon dévouement le plus entier, à travers les épreuves d'un exil que tous mes vœux, et je puis le dire, tous mes efforts auraient voulu depuis longtemps voir terminer avec la libération de la Turquie.

Fils de l'amiral Halil pacha, qui avait laissé de très bons souvenirs dans la marine et qui avait épousé une femme du sultan Mahmoud, Damad Mahmoud Djelaleddine pacha, né en 1855, était devenu l'époux d'une femme de vive intelligence et réputée pour sa beauté, la princesse Seniah sultane. Il

que c'était précisément sur cette question, qu'ils tenaient à se séparer du Congrès, pour fonder un groupe dissident, avec le *Chourai Ummet*, devenu l'organe du Comité *U. P.* depuis la Révolution, alors surtout que lui-même, dans son *Mechveret*, ne s'était pas privé de demander ce même concours de l'étranger? (Voir les numéros du 1er avril 1896, 1er novembre 1896, 15 mai 1897, 1er janvier 1900, 15 février et 15 décembre 1901, etc.)

Et, si la raison donnée pour une rupture n'était qu'un prétexte, et un prétexte insoutenable, comme on vient de le voir, quelle fut donc la cause véritable? Pourquoi ne l'avoir pas tout simplement donnée? Raison bien mystérieuse ? raison occulte? Déjà !

Même chose lorsque, plus tard, A. Riza et son groupe paraîtront s'inquiéter de voir ce mot « décentralisation » sous la plume du prince Sabaheddine et des membres de l'Union Libérale, alors que non seulement la Décentralisation est une des bases de la Constitution de Midhat pacha, mais qu'elle fut aussi réclamée, maintes fois, par le *Mechveret* du même Ahmed Riza.

Il n'est pas un homme de bon sens et de bonne foi qui ne s'étonne de ces étrangetés : de vieux collaborateurs d'Ahmed Riza m'en ont manifesté leur surprise et leurs regrets.

était, par là, devenu le gendre du sultan Abdul Medjid, le beau-frère du sultan Mourad V et enfin le beau-frère du futur sultan, S. A. I. le prince Mohamed Rechad effendi.

Outre ces alliances qui lui donnaient une des premières places dans l'empire, Damad Mahmoud Djelaleddine [1] pacha était connu par ses idées très justes, très libérales, par sa haute probité, par sa véracité proverbiale et même aussi, à un autre point de vue, par un talent de poète satirique dont les petites pièces, flagellant la camarilla, circulaient sous le manteau [2]. N'est-ce pas l'occasion de rappeler ce mot des *Chevaliers* d'Aristophane : « Il n'y a rien d'odieux dans la « satire qu'on exerce contre les méchants ; elle mérite, au « contraire, les éloges de tout homme de bien qui sait en « juger sainement. »

Combien de fois n'était-il pas intervenu près de son beau-frère Abdul Hamid II, et par discours, et par écrits, pour conseiller le retour à la Constitution, à la justice, à l'humanité. Même il avait accepté, à 37 ans, les Sceaux et pendant huit mois rempli les fonctions de Ministre de la Justice, après avoir été conseiller d'État, sans parler d'un court stage à l'ambassade de Paris, dans sa jeunesse, avec Servet pacha. Dans le cabinet, il combattit énergiquement les prévaricateurs et les concussionnaires et, ce qui montre sa délicatesse en tel milieu, il refusa de toucher le gros traitement réservé aux ministres, quand les petits fonctionnaires de son département étaient privés de leurs maigres émoluments.

---

[1] Il ne faut pas le confondre avec son homonyme, fils d'Ahmed Fehti pacha, mari de la princesse Djémilé sultane, deuxième fille d'Abdul-Medjid et qui fut étranglé, par ordre, à Taïf, en même temps que Midhat pacha, le 8 avril 1883.

[2] Imprimées, en Égypte, en 1901, ces satyres forment tout un volume, non mis dans le commerce et tiré à quelques exemplaires seulement.

Dans tout gouvernement régulier c'eût été un Turc capable de rendre, à l'État, les plus éminents services.

Fatigué de plaider en vain pour le bon sens, pour le Progrès, obligé de renoncer à être entendu, ou seulement écouté, il prit la résolution de s'enfuir, lui aussi, avec ses deux fils, à qui il avait fait donner une éducation et une instruction des plus soignées.

— L'Europe ne sait évidemment pas la vérité, disait-il en son honnêteté; si elle l'apprend, elle ne pourra manquer de nous soutenir moralement, dans cette lutte de la nation contre la clique du Palais. L'opinion sera pour nous. La presse nous défendra. Je dirai donc la vérité. Ma personnalité ne peut être suspecte, pas plus que ne peuvent l'être mon désintéressement et mes attaches avec le trône d'Osman.

Ce qui est incontestable, c'est que ni lui, ni les siens, ne souffraient personnellement beaucoup des malheurs publics. Et c'est là un titre spécial à la reconnaissance du peuple, de n'avoir pas hésité à prendre la route de l'exil, à sacrifier leur repos, leur tranquillité, leur bien-être, leur luxe et à tout souffrir pendant de longues années, en vue de la libération de leur pays. « Un héros magnanime, dit un per-« sonnage d'Euripide, met sa gloire à soulager les maux « qu'il ne partage pas [1]. »

Lorsque le Palais apprend l'exode du Pacha et de ses fils, à la fin de décembre 1899, le jour même où il doit avoir lieu, l'affolement est à son comble.

Aussitôt des ordres sont envoyés, dans l'ignorance où l'on est de la voie adoptée, la terre ou la mer, à Andrinople, où le commandant militaire fait cerner et fouiller le train de Constantinople, puis, malgré ces infructueuses recherches — malgré le ridicule — à Philippopoli, où le prince Ferdinand de Bulgarie est invité de la part de son suzerain à supplier

---

[1] Euripide. *Iphigénie en Aulide*, acte IV, scène II.

Damad Mahmoud pacha de ne pas s'éloigner davantage du Bosphore. D'autre part, malgré les protestations de notre chargé d'affaires, on fait, aux Dardanelles, arrêter, de 3 heures du matin à 7 heures du soir, le *Congo* sur lequel on s'imagine que les princes ont pris passage, ajoutant que, s'il refuse la visite, on ne doit pas hésiter à le couler bas, quelles qu'en pussent être les conséquences.

Mais à l'heure même où, par une tactique habile, le Palais reçoit la nouvelle de leur départ, Damad Mahmoud Pacha et ses fils n'ont pas encore quitté Constantinople. Et, grâce à ce stratagème, ils eurent, en passant aux Détroits, le plaisir de voir que, pendant qu'on fouillait le *Congo* (ce qui valut une forte indemnité aux Messageries Maritimes), la *Georgie*, sur laquelle ils avaient pris place, obtenait le libre parcours.

Quittant assez fréquemment le palais de Kouroutchesmé, sur la rive d'Europe, pour le palais de Tchamlidja, sur la côte d'Asie, ou pour sa maison de Pendick, sur la Marmara, il avait été possible, au Pacha, non sans grandes difficultés cependant, d'échapper aux espions et de prendre place, par une matinée brumeuse et froide, le 14 décembre 1899, à bord d'un remorqueur qui fit toute la journée le service du port, au milieu des embarcations de la police, d'ordinaire si perspicace et, ce jour-là, complètement aveugle. La nuit venue, vers 6 heures, au large de San Stefano, les fugitifs étaient montés à bord du navire français, sous des noms d'emprunt. Maintenant, ils avaient franchi les Dardanelles et pouvaient respirer un peu.

Qu'allait faire le Palais ?

Damad Mahmoud pacha l'apprit, en arrivant à Marseille. On voulait l'avoir à tout prix ; on demanderait donc l'extradition : on se flattait de l'obtenir. Afin d'y arriver, on imagina une odieuse calomnie (et c'était une habitude pour les fugitifs de marque) : des coquins avérés ne craignirent pas d'écrire et de télégraphier à toute l'Europe que ce grand honnête homme était un voleur, que son intelligence était détraquée, qu'il avait abusé de son autorité paternelle sur les jeunes princes, ses fils, pour les emmener avec lui, après avoir dérobé les diamants de la sultane, son épouse ! Tel fut l'objet du rapport expédié à tous les consuls ottomans et reproduit par plusieurs journaux. Et, comme nous étions alors assez mal avec l'Angleterre, pour indisposer les Français contre les fugitifs, on imagina que le pacha avait vendu son influence à la Grande-Bretagne, dans l'affaire du chemin de fer de Bagdad.

Le consul général de la Turquie, aussitôt chassé par le beau-frère d'Abdul Hamid, osait se présenter à bord de la *Georgie*, pour supplier respectueusement Son Altesse de rentrer tout de suite ou, si elle l'aimait mieux, de convenir qu'avec l'autorisation impériale elle était venue en France, tout bonnement pour prendre les eaux, pour soigner sa santé fort débile — seul point exact, dans cette comédie, — ou, encore, par jalousie contre un de ses beaux-frères, Ferid pacha. Enfin, l'on imagina que, pour couvrir les apparences, on l'investirait, s'il s'y prêtait, d'une ambassade extraordinaire... près du négus d'Abyssinie !

Le gouvernement français eut la dignité qui convenait à la France ; il résista imperturbablement à toutes les avances et à tous les assauts de l'étrange ambassadeur de ce temps-là [1], qui voulait à tout prix faire signer l'expulsion des princes, à défaut d'extradition, pendant qu'il insistait sans se lasser des refus, sans se froisser des rebuffades, auprès du Pacha, pour obtenir son retour, allant, après l'échec de toutes ses tentatives de séduction et de corruption, jusqu'à l'avertir charitablement qu'il ne serait pas, à sa place, tout à fait

---

[1] La Belgique refusa de l'accréditer chez elle. (V. notamment le *Mechveret* du 15 février 1901). — Lire aussi le portrait de Munir publié par le *Figaro* du 16 septembre 1901, celui où il va jusqu'à dire « qu'il vint d'abord (à Paris) en qualité d'espion de l'ambassadeur « d'alors, Essad pacha », etc.

rassuré sur l'existence de ses fils[1]. Je n'oublierai jamais les accents d'inquiétude de ce père excellent me demandant si je croyais que de tels dangers fussent vraiment possibles, dans un pays libre et hospitalier comme la France !

Ses doutes s'expliquaient en une certaine mesure par l'absence de tout scrupule qu'il connaissait au Palais, et aussi par la déception profonde qu'il éprouvait en voyant une grande partie de la presse européenne seconder, contre lui, les efforts d'Yldiz, alors qu'il s'était imaginé, dans son inexpérience des hommes et des choses et dans sa grande honnêteté, que son témoignage, si autorisé, suffirait seul à déchirer tous les voiles et à susciter un tolle général contre la tyrannie au pouvoir.

Pour le faire fléchir, tout fut employé; tout échoua. Plus de vingt émissaires que je pourrais nommer — des officiers, des ministres, des ambassadeurs étrangers, le Khédive lui-même — lui furent envoyés à lui et à son fils, le prince Sabaheddine[2], la bouche pleine de promesses ou de menaces, en France, en Suisse, en Égypte, à Corfou, en Belgique, où il

---

[1] L'*Européen* du 28 novembre 1903 cite ces propos.

[2] « Qu'ils le connaissaient peu, écrivais-je dans *Patria*, le 15 novembre 1905, ceux des nombreux ambassadeurs chargés par le Sultan de le convertir à l'idée d'un retour en Turquie, lorsqu'ils lui rappelaient les facilités, les charmes de son existence personnelle sur les rivages du Bosphore, les fastes des palais de Tchamlidjà et de Kouroutchesmé, qu'il avait quittés pour se dresser contre la tyrannie..., dénoncer ses crimes au monde entier et travailler à préparer pour son pays un régime meilleur : « N'eussé-je que les quatre murs d'une « mansarde, leur répondait-il invariablement, dussé-je même me voir « priver du nécessaire (le Sultan séquestra tous ses revenus), je ne « rentrerai, pas plus que mon père, en Turquie, sous le régime « actuel. J'en ai donné ma parole. Je le dois à tous ceux qui souffrent « là-bas, princes et peuple... »

Le second fils de Damad Mahmoud pacha, le prince Loutfoulah, ayant essayé de venir momentanément à Constantinople, sous un faux nom, fut trahi et livré au Palais par Munir bey, l'ambassadeur de Paris, et ses espions. (V., notamment, l'*Intransigeant*, 19 novembre 1903 ; *le Siècle*, 5 août 1905.)

allait s'éteindre, à 48 ans. Jusqu'à son lit d'agonisant, car sa maladie s'aggrava sous les préoccupations et les ennuis de l'exil, tous les surveillants et les tourmenteurs s'étaient transportés à Bruxelles pour guetter cette proie : on espérait un affaissement de la volonté ; on cherchait à escamoter un acquiescement, même posthume : trop pressés, l'on voulut même chanter, à l'avance, le triomphe escompté sur ce moribond, quand Damad Mahmoud pacha, presque à la veille de sa mort, ranima ses forces défaillantes et rédigea une noble et patriotique protestation, contre de fausses nouvelles qui eussent déshonoré sa fin, plus encore ! porté le découragement, le désespoir parmi tant de patriotes et de libéraux, que sa fuite et sa constance avaient soutenus et réconfortés [1].

La soumission de Damad Mahmoud pacha et de ses fils à Yldiz Kiosque eût anéanti pour longtemps le mouvement émancipateur ; pour toujours, peut-être, car elle eût incontestablement produit un recul, et il devenait urgent d'empêcher la Turquie de périr. Aussi l'on n'avait pas manqué de comprendre à Yldiz que, malgré tout, la présence hors de la Turquie du beau-frère du Sultan, d'un homme intègre, loyal, désintéressé, comme le gendre d'Abdul Medjid, puis, plus tard, de son fils le prince Sabaheddine, étaient un péril constant pour l'ancien régime, que la population tout entière abhorrait — sauf quelques bénéficiaires de cette anarchie.

Invariablement, Damad Mahmoud pacha répondit ce que répondit toujours le prince Sabaheddine: — « Nous ne demandons rien pour nous. Nous voulons la justice pour tous, l'égalité pour tous, à quelque religion et à quelque natio-

---

[1] Ahmed Riza écrivait, sur cet exode, dans le *Mechveret* du 1er janvier 1900 : « Nous considérons cet acte courageux de Mahmoud pacha comme un événement des plus heureux, non seulement pour le parti de la Jeune Turquie, mais pour le peuple tout entier ; il trouvera un écho dans le cœur de tous ceux qui ont juré de servir la cause sacrée de la patrie. »

nalité qu'ils appartiennent. Qu'on fasse les réformes, qu'on applique la Constitution, nous rentrerons sans aucune autre condition. Sinon, non. »

Lorsqu'il s'agit d'inhumer le corps de Damad Mahmoud pacha, en attendant le retour dans sa patrie libérée, pendant qu'on essayait d'ameuter contre lui, contre la grandeur et la persévérance de sa protestation, les musulmans, à qui l'on voulait faire croire qu'il avait changé de religion, que c'était un apostat, on alla jusqu'à signifier défense à l'iman, appelé par ses fils, de l'ambassade de Londres, de formuler les prières rituelles si le corps de l'exilé ne retournait pas à Constantinople, où l'on voulait le voir, le tenir, le contempler, pour être bien certain que celui-là ne pouvait plus nuire ; comme si les apôtres et les martyrs cessaient de parler, de convaincre et de réconforter, après leur mort.

Tout le monde se rappelle ce procès écœurant, dans lequel Munir bey revendiquait, contre les princes exilés avec lui, exécuteurs de ses volontés formelles, la propriété du cadavre de Damad Mahmoud Pacha, inhumé au cimetière musulman du Père-Lachaise. Il fallut qu'un arrêt des tribunaux français mît un terme à ce scandale qui, sans cela, se fût renouvelé comme lorsque, après l'assassinat de Midhat pacha [1], à Taïf, la tête de l'ex-grand vizir fut adressée au Palais de Constantinople, comme « objet d'art », à la grande terreur des douaniers trop indiscrets.

Ceux qui croiraient qu'on avait peur des cadavres à Yldiz doivent, d'ailleurs, être tout à fait détrompés.

J'ai su, récemment, par des témoignages très autorisés que, lors du décès du noble sultan Mourad V, frère aîné et prédécesseur du sultan régnant, ce furent d'ignobles espions que l'on chargea d'apporter son corps au Palais impérial,

[1] V° *Assassinat de Midhat pacha, d'après les documents officiels de la Jeune Turquie*, broch. in-12 (Genève, 1898).

et ce fut un des plus ignobles parmi ceux-là, Fehmi —
(assommé il y a trois mois, par les paysans, à coups de ma-
traques, comme une bête féroce, dont il avait tous les ins-
tincts), oui, ce fut Fehmi, le fils de l'habilleur du Sultan et son
sosie, Ismedt bey, son frère de lait, un des pires d'Yldiz, qui,
de sa main, salie de tant de crimes, osa soulever par les cheveux la tête vénérable de ce grand martyr, pour la laisser
retomber inerte et constater ainsi que le vrai Khalife, l'empereur Mourad, le Martyr, était bien réellement mort !...

Les voyageurs, les passants, savaient que les navires ne
pouvaient filer trop près des quais du beau palais de Tchiragan. On disait tout bas, bien bas, car ce n'était pas sans
péril que là se trouvait, depuis le 31 août 1876, le grand
sultan Mehmed Mourad V Khan [1], aimé de tous les Ottomans, gardé au secret absolu, sous prétexte de démence, —
pur mensonge qui a paru légitimer cette séquestration, car
je sais de la meilleure source, et je le savais depuis longtemps
déjà, que Mourad V n'a pas été malade plus de quelques
semaines, pendant cette longue prison qui aurait fait
perdre l'esprit à de plus faibles. On ignorait même s'il vivait.
On croyait que, s'il n'était pas mort, s'il ne pouvait pas
sortir, le noble captif pouvait entrevoir, au moins, cet
horizon magique de la côte d'Asie, vis-à-vis son palais-prison.
Eh bien ! non, les portes et les fenêtres sur le Bosphore
étaient murées à l'intérieur ; je puis certifier que, par un
odieux raffinement de barbarie, l'ancien Khalife, inique-
ment détrôné, était relégué dans une pièce, donnant par
derrière les dépendances de Tchiragan sur une basse-cour.
Il n'avait, pour tout horizon, qu'un mur surélevé de dix
mètres. Son unique passe-temps, après l'éducation très
soignée qu'il donna lui-même au prince Sélaheddine, son

---

[1] Né à Constantinople le 21 septembre 1840, il succéda, le 30 mai
1876 à son oncle, le sultan Abdul-Aziz (1830-4 juin 1876) et fut
détrôné le 31 août 1876. (V. la brochure du comte de Kératry, etc.)

fils (aujourd'hui âgé de 42 ans), ce fut de jeter quelques grains aux volailles !... Heureusement, il était musicien (et il a pu faire de ses filles les princesses Khadidjé sultane, Féhimé sultane [1], Fatma sultane, d'excellentes musiciennes). On avait bien voulu ne pas lui enlever son piano ; mais on ne lui laissait pas toujours les vêtements les plus indispensables. Quant aux livres, ils étaient interdits à cet homme instruit, qui parlait fort bien le français et se fût presque consolé de l'injustice du sort, s'il avait pu, au moins, suivre le mouvement intellectuel du monde, ne pouvant que formuler des souhaits muets pour le pays de ses pères.

Aux derniers moments du sultan Mourad, son fils, S. A. I. le prince Salaheddine effendi, et ses petits fils, L. A. I. Nihad effendi et Fuad effendi (que je vis pour la première fois, à la rencontre du prince Sabaheddine — ils n'étaient jamais sortis, avant le jour précédent) demandèrent en vain de rendre eux-mêmes les derniers devoirs à leur père. Le Palais s'y opposa. On fit mander des *hamals*, des portefaix quelconques, qui présentèrent vaguement le cercueil à la mosquée et le confièrent à un tombeau sans nom !....

Depuis, les jeunes Turcs ont pris l'initiative de l'érection d'un « monument réparateur » au Sultan Mourad et l'on disait qu'Abdul Hamid avait proposé d'y souscrire.

Le moment n'est pas encore venu de retracer l'histoire de cette séquestration de 30 ans, en Europe, au xxe siècle, en dépit de tous les appels à l'humanité. Un français, ne pouvant se contenir, en songeant à une si grande et une si noble misère, se décida à écrire à l'empereur Guillaume, tout puissant, lors de son voyage à Constantinople : — Ne vous dérobez pas aux usages admis partout ; lorsqu'un souverain

---

[1] En janvier 1909, l'orchestre des Petits-Champs fit applaudir la *Marche de l'Union Nationale*, composée par S. A. I. la princesse Fehimé sultane.

4

fait visite à un autre souverain, la coutume est de se faire présenter les membres de la famille ; demandez à voir le sultan Mourad V !... .[1]

Personne ne voulut entendre les soupirs de cet emmuré vivant ; il sera mort attristé, sans avoir vu le rayon de soleil, qui perça les brumes de cet enfer, en juillet 1908.

Et pourtant, par deux fois, des hommes qui ne sont pas aussi inaccessibles à la pitié et aux grands enthousiasmes que le furent, paraît-il, tant d'hommes d'État, au xix e siècle, essayèrent de délivrer le sultan Mourad

Une première fois, peu après sa détention, sa résidence fut prise d'assaut par des soldats, sous la conduite du moadjir Ali Suavi. Il n'y eut que des victimes de plus....

Une seconde fois, lors de la guerre de Crète, j'eus l'espoir que le projet réussirait. C'était hardi ; ce n'était pas impossible. Tout était prêt ; Mourad V semblait disposé personnellement à suivre ses libérateurs.

L'obstacle vint d'où l'on ne devait pas l'attendre, de la tendresse inquiète, effarée, d'une personne de sa famille, se demandant si cette tentative n'était pas un piège. Le coup de main réussi, le sultan Mourad, amené sur un navire battant pavillon français, aurait montré à l'Europe, trop peu curieuse (?), ce qu'il fallait penser de sa prétendue démence et s'il avait été loyal de déclarer sa maladie momentanée tout à fait « incurable », s'il avait été juste de le déposséder du trône, s'il n'était pas toujours le vrai Kalife, le sultan légitime. Et l'empire ottoman eût joui, dix ans plus tôt, de la liberté : bien des crimes et des désastres eussent été évités.

Il serait aussi prématuré de raconter toutes les tentatives infructueuses qui ont été faites, surtout depuis 10 ans — je

---

[1] *Mourad V, vrai khalife, sultan légitime.... Lettre à S. M. l'Empereur d'Allemagne* [par Joseph Denais], Paris, 1898, broch. in-8°.

crois avoir le droit de l'attester — en vue d'amener les réformes et d'arriver au résultat, enfin conquis par l'audace et l'habileté de soldats comme les majors Niazi bey, Enver bey et leurs amis, en juillet dernier à Resna, Ochrida, Monastir, Salonique, Andrinople, bientôt dans toute la Macédoine, de la Bulgarie à Janina.

Cette dernière fois, on ne parla d'abord que d'une *muti-nerie*. Le Palais crut en venir à bout, comme à l'ordinaire, en faisant arrêter 38 officiers qui devaient être martyrisés — mais qu'il fallut bien relâcher, cette fois-là.

Au grand vizir, Ferid pacha, que le sultan avait naguère menacé du sort de Mihdat pacha, lors des affaires anglaises, on avait dit : « Les officiers révoltés ? il faut les tuer... » Mais ce n'était plus aussi facile. La Révolution était faite dans tous les esprits ; le dégoût de cet ignomineux régime d'espionnage était dans tous les cœurs. A ce moment même les Albanais refusaient d'intervenir et, à Yldiz, la garde était surtout composée d'Albanais. Les favoris envoyés en Macédoine, l'insolence et la menace à la bouche, avaient été exécutés, sans rémission. Qu'allait-on faire à Yldiz ?

Constantinople est protégée par des forts et des batteries de canon, sous le commandement en chef d'un maréchal, à Tchataldja. Le Palais demanda, par télégraphe, si l'on pouvait compter sur lui, dans le cas où les troupes réaliseraient leurs menaces de marcher sur la capitale. A peine le maréchal avait-il répondu affirmativement que tous les officiers supérieurs, depuis les majors jusqu'aux généraux, protestèrent, en bloc, par une dépêche au Sultan, conçue à peu près en ces termes — personne, jusqu'ici, croyons-nous, n'y a fait allusion et elle permettra de ne plus s'étonner autant de la décision prise par Abdul Hamid de recourir à la Constitution : — Si nos frères d'Andrinople marchent sur Constantinople, ils ne peuvent être guidés que par leur patriotisme. En ce cas, le loyalisme nous contraint d'avertir

Votre Majesté que nos fusils et nos canons seront dirigés sur le Palais d'Yldiz... avec les leurs !

La tyrannie s'écroulait, d'un coup.

La Constitution était accordée.

Quels furent les desseins, les espérances du Sultan? Il ne m'a point fait ses confidences, et je crois qu'il ne s'est confié à personne. Mais, s'il conserva quelques illusions les premiers jours, je suis persuadé qu'il a dû bientôt les perdre. Nous devons en croire d'ailleurs le Comité *Union Progrès* ; il ne cesse de dire que le Sultan accepte sincèrement aujourd'hui les conséquences de cette grande Révolution.

Abdul Hamid jurait, à nouveau, de respecter la Constitution promulguée le 11/23 décembre 1876 et, abolie, de fait, l'année suivante[1]. Il destituait le grand vézir Férid pacha qui, depuis cinq ans et demi, présidait le Conseil des Ministres, sous l'autorité absolue, d'ailleurs, du sultan. Le ministre de la guerre, Riza pacha, était non seulement révoqué, mais poursuivi. Et son successeur mort peu après, le maréchal Redjeb pacha, commandant de Tripoli, était justement l'un de ceux qui avaient promis leur concours, quelques années plus tôt, pour renverser l'ancien régime, à l'aide de l'armée, comme en 1908 ; j'espère pouvoir, à l'heure propice, le raconter plus longuement.

Abdul Hamid II lâchait prestement tous ses favoris, les Izzet, les Tahsim, les Eboul Oudah, les Melhamé, etc. Il déclarait, enfin, à qui voulut l'entendre, que, depuis 30 ans, il ne cessait de préparer ses sujets, ses chers enfants, aux réformes tant désirées. Depuis lors, chaque vendredi, il quitte son Palais pour la cérémonie du Sélamlick, ouverte

---

[1] Il conviendrait de rapprocher de ce document les actes réformateurs du sultan Abdul-Medjid, continuant la pensée du sultan Mahmoud, le hatti-chérif de Gul-Hané du 3 novembre 1839 et le hatti-Humayoun du 18 février 1856.

désormais à la foule, comme avant 1877, et il affecte de montrer la cocarde rouge et blanche des réformateurs sur son uniforme ; il la porte même dans l'intimité, sur sa robe de chambre, ainsi que le remarquait, en s'en étonnant, le khédive, à l'une de ses audiences récentes.

Après y avoir mis beaucoup de façon, il a consenti au remplacement de sa garde prétorienne, à laquelle il venait de distribuer, sans doute par pure affection, une somme de 115 francs pour chaque soldat[1]. Et c'est, dit-on, d'accord avec S. M. que l'on a embossé, à portée d'Yldiz, sur le Bosphore, d'imposants navires de guerre, armés d'obus à la mélinite et pouvant, en cas de mutinerie de la garde, imposer silence aux casernes du Palais.

Il accepte tout. Il accepte dans sa voiture impériale, au Sélamlick, le maréchal Fouad pacha, revenu de l'exil. Il

---

[1] Le *Chourai-Ummet* (*La Turquie*, 19 novembre 1908) montre par des chiffres à quels abus des grades en était arrivé le favoritisme. Au lieu d'un général de division, 2 généraux de brigades, 4 colonels, 4 lieutenants-colonels, 17 chefs de bataillons et capitaines-adjoints-majors, réglementairement prévus, pour les cadres d'une division d'infanterie de l'armée active, il y a, pour la deuxième division de la Garde impériale : 1 maréchal, 5 divisionnaires, 8 brigadiers, 35 colonels, 51 lieutenants-colonels, 180 chefs de bataillon et capitaines-adjoints-majors ; au total, 280 officiers au lieu de 27. Le même journal dit qu'il y a, à Yldiz même (et il ne parle pas des canons, notamment ceux qu'on avait destinés à la guerre russo-turque et qui ont manqué à l'artillerie turque, sauf quelques pièces de l'artillerie de montagne) : 5.000 Mausers à clefs, 2.000 Mausers nickelés, à clefs, une grande quantité de Martini et d'armes démodées, 30.000 pistolets de différents modèles, 6 fusils Hotchkiss mécaniques, des fusils à boîtes russes, envoyés, dans le temps, d'Andrinople, 200 fusils fabriqués à la Grande Maîtrise de l'Artillerie. De son côté, le *Servet y Funoum* remarque qu'il y a à Yldiz 30.000 revolvers provenant de saisies faites sur les voyageurs par les douanes de Constantinople. — Le *Tanine* (22 novembre 1908), ajoute : 8 mitrailleuses, 25.000 fusils Lebel et leurs munitions, commandés par l'arabe Izzet. Par décision de janvier 1909, ces armes seront versées à l'armée.

Le nombre des aides de camp du Sultan (réduit en décembre 1908 à 34) était de 340 !

reçoit à Yldiz, Ali Haydar bey[1], fils de Midhat pacha, étranglé à Taïf. Il embrasse au front Ahmed Riza bey, directeur du *Mechveret*, et s'étonne beaucoup que le prince Sabaheddine, son neveu (condamné à mort, comme son père, pour avoir protesté contre les horreurs passées), ne vienne point au Palais.

Enfin, le Comité Union et Progrès assure que le Sultan actuel n'est plus du tout le despote de 1877 à juillet 1908 ; celui-là est mort et ne ressuscitera pas[2]. C'est un autre monarque — constitutionnel... comme le roi Léopold, presque un président, comme M. Fallières — et qui juge plus sévèrement que personne, nous dit-on encore, le régime qui vient de disparaître : il n'est donc point permis de ne pas avoir foi dans sa sincérité[3]...

[1] Le *Temps* du 23 janvier dernier annonce sa nomination comme ministre à Madrid.

Nommé sénateur par le Sultan le 19 décembre 1908, bien qu'il n'eût pas les 40 ans exigés par la Constitution, Aly Haydar bey a donné sa démission (voir sa lettre dans les journaux turcs du 25 décembre suivant). Sa candidature à la Chambre des Députés avait été combattue par le Comité U. P.; elle avait échoué. Dans une lettre au *Mémorial diplomatique* (8 mars 1907), il avait, naguère, expliqué sa séparation d'avec le Comité de Paris « dont fait partie Ahmed Riza bey », disait-il, et cela pour « graves motifs » et parce que, ajoutait-il, « il m'est impossible de m'associer à une action politique de nature à « nuire aux intérêts bien compris de l'empire Ottoman » et « à des « idées politiques nouvelles qui ne sont pas partagées en général par « les populations de l'empire ottoman ». Il se déclarait partisan de « l'union des musulmans et des chrétiens sous la bannière libérale ». (*Le Siècle*, 2 juillet 1907.)

[2] Le Comité central Union-Progrès de Salonique envoya un télégramme de souhaits « à S. M. I. le Khalife des musulmans et illustre souverain des ottomans », priant, dit ce document, « pour que Votre Majesté coule de longues et heureuses années et nous lui présentons, du fond du cœur, nos félicitations et nos remerciments » (4 décembre 1908).

[3] Tahsin, l'ex-premier secrétaire du Sultan Abdul Hamid II avant la Révolution, l'un de ceux dont la responsabilité est la plus lourde, eut lui-même l'audace d'envoyer à la Chambre une adresse de félici-

La Révolution est faite, ou plutôt elle est commencée, car, au milieu de tant de ruines, on ne saurait tout reconstruire en quelques semaines et les Français, qui ont, il faut en

tations qui fut accueillie « avec stupeur », disent les comptes rendus de la séance du 22 décembre dernier, pour « exprimer l'immense joie « qu'il ressent, en ce jour suprême qui ouvre à l'Empire ottoman une « ère de félicité et de bonheur ». Munir pacha aussi, s'est beaucoup félicité, paraît-il, dans son interview du *Gaulois*, de cette révolution, sans toutefois oser manifester « sa joie » à Constantinople : arrivé à Sophia pour se rendre à Stamboul et surpris par les événements, il rebroussa vite chemin, son médecin lui conseillant opportunément les eaux... de Paris !

Il faut lire, dans les journaux de Constantinople du 2 janvier 1909, non seulement le discours impérial, mais les détails du dîner d'Yldiz aux députés. « Je vous renouvelle l'assurance, dit Abdul Hamid à ses « hôtes, que moi-même comme votre Khalife et votre padichah, je « me consacrerai entièrement, avec la grâce de Dieu, au maintien, à « la défense de notre Constitution et que je serai le premier adversaire « et le premier ennemi de quiconque voudrait y porter atteinte. »

Ce n'était pas encore assez. A la suite du repas, où des députés ont baisé la main d'Abdul Hamid et où le Sultan a prodigué ses tendresses à Ahmed Riza, « poussant la condescendance jusqu'à remplir son « verre, ce que voyant, le président de la Chambre se tint debout pour présenter son verre à Sa Majesté », le Khalife dit à Ali Riza : « Je ne me rappelle pas avoir été aussi heureux dans ma vie qu'en ce moment ». — Et, pour terminer la soirée, il envoya son premier secrétaire faire la déclaration suivante : « Je suis prêt à sacrifier ma vie le « jour que le voudra la Nation. » — Quelques mois plus tôt, ce mot de Nation était puni de l'exil et souvent de la mort ! Ahmed Riza ne fut pas en reste. Rappelant que « le Padishah et la Nation qui, dit-il « alors, aspiraient depuis si longtemps à leur union, assis à la même « table, mangent aujourd'hui au même plat », il s'écriait : « Un pareil « accord, une pareille union ne s'étaient vus qu'à l'époque heureuse « du Prophète. Depuis treize siècles nous étions privés de cette inti- « mité entre le Padishah et la Nation », etc., etc.

Pour apprécier toute l'originalité et, si l'on veut, toute la beauté de ce lyrisme, le charme de ce duo du Berger et de la Bergère, il est indispensable de rappeler que le président de cette Chambre avait été condamné à mort, qu'il ne cessa d'être traqué par l'espionnage d'Yldiz et que, de son côté, dans son journal le *Mechveret*, Ahmed Riza prodigua, presque chaque jour, pendant treize années, les pires invectives contre Sa Majesté Abdul Hamid II.

(Voir à la fin de ce travail : *Annexe B*).

convenir, plus d'activité, plus de méthode, plus d'esprit d'organisation que les Orientaux, ont raison de dire que Paris n'a pas été fait en un jour.

Les incidents de Bosnie-Herzégovine et de Bulgarie ne sont point assurément pour faciliter la tâche des Réformateurs [1]. C'eût été bien plutôt pour les décourager, si cela était possible. Et, quoi qu'il arrive, l'histoire jugera de tels actes très sévèrement [2]. On ne peut s empêcher de se rappeler que, quand l'Europe s'évertuait à dénoncer les Turcs comme incapables de se gouverner en paix et en liberté, c'est l'Europe qui créa les plus gros obstacles à leur émancipation. Ainsi, quand les grands-vizirs Réchid, Aaly, Fuad, Midhat, eurent, naguère, doté la Turquie d'institutions modernes et détruit, pacifiquement, constitutionnellement, les abus du passé, cette transformation semblait alors tellement « surprenante, que, dans toute autre contrée, un siècle d'efforts eût paru insuffisant à sa réalisation », comme l'écrivait Midhat pacha lui-même en 1878. Aussitôt la guerre vint arrêter ce beau mouvement. La Russie n'était pas encore constitutionnelle ; elle ne voulait pas, en Turquie, de régime constitutionnel,

---

[1] On l'a vu, aussitôt après la proclamation de la Constitution et la fin du despotisme, toute insurrection a cessé en Macédoine comme par enchantement (ce qui ne veut pas dire que des étrangers n'essayeront pas de susciter des troubles). Ceux qui voulaient voir n'en ont pas été surpris. L'auteur de ces pages l'annonçait dès le 15 novembre 1905. (V. *La Vraie Turquie*.)

[2] On ne saurait se montrer plus sévère pour cette annexion de la Bosnie Herzégovine par le gouvernement autrichien que ne l'a fait le 4 décembre dernier, à la Chambre des Députés, le Ministre des Affaires étrangères de l'Italie (de l'Italie alliée à l'Autriche) lorsqu'il dit, à ce propos : « Les changements apportés aux traités interna-« tionaux ne sont *pas admissibles* s'ils n'ont pas obtenu le consente-« ment de toutes les parties contractantes. » Voir aussi l'article de M. René Pinon, dans la *Revue des Deux-Mondes*, janvier 1909, celui de Léon Tolstoï dans la *Revue politique et littéraire* et toute la presse en somme, hors celle des intéressés.

capable de ressusciter cet empire qu'elle convoitait. Cette fois, la Russie a mieux compris le rôle qui lui convenait. Et c'est l'Autriche (faut-il dire de complicité avec l'Allemagne ?) qui est intervenue, aux seuls applaudissements des intéressés du Palais, en annexant, malgré elles, la Bosnie et l'Herzégovine.

Mais qui donc n'a pas été frappé de la sagesse du gouvernement de la Turquie calmant les ardeurs irréfléchies que guettaient, ou peut-être suscitaient, les rivaux, mécontents. N'oubliant pas que ces incidents sont encore l'une des conséquences douloureuses du passé, de la liquidation de l'Ancien Régime, il s'est tourné vers les grandes puissances pour leur dire, simplement : — Oui, nous, Ottomans, nous sommes affligés de voir des peuples civilisés profiter de nos soucis, de nos embarras, pour nous créer des difficultés graves, pour nous enlever des forces. Mais vous, signataires du traité de Berlin, sûres de votre puissance, vous êtes encore plus directement offensées que nous ne pouvons l'être, en voyant ainsi déchirer vos conventions ; veuillez donc examiner ce que vous avez à dire ou à faire. Votre dignité ne peut pas être moins susceptible que la nôtre...

Et c'est ainsi que la nouvelle question posée contre la Turquie pourra, nous l'espérons, se régler à l'amiable, par la sagesse des Turcs et la bonne volonté de la France et de ses amis[1]. Il faut que tout le monde en prenne son parti,

---

[1] Après un boycottage des marchandises autrichiennes dans tous les ports ottomans, un arrangement vient d'être conclu entre les deux parties ; une indemnité pécuniaire a été acceptée par la Turquie (avec d'autres compensations), malgré la déclaration du président de la Chambre ottomane, Ahmed Riza, disant « à quelques ambassadeurs « que la Turquie, ne vendant pas ses provinces, ne pourrait pas « accepter l'indemnité de l'Autriche-Hongrie et que, si le Gouverne- « ment acceptait une indemnité, le Comité s'y opposerait ». (Dépêche du *Temps*, 8 janvier 1909.)

ce n'est pas encore cela qui ruinera le nouvel état de choses.

Admettez tout ce que vous voudrez ; jamais on ne verra renaître l'Absolutisme. Toute la nation, toute l'armée ont applaudi à son effondrement.

En attendant la réunion de la Chambre des Députés, le cabinet Kiamil pacha s'est mis courageusement à la tâche. Pour les finances et la préparation de l'emprunt indispensable — et sûr d'être placé, avec les ressources considérables de l'empire, — il a fait appel à un Président de notre Cour des Comptes, qui est en train d'établir l'état de la dette flottante, base nécessaire à l'établissement d'un budget, moins trompeur que le nôtre[1]. Peu à peu, en examinant chaque situation, le nombre des fonctionnaires va être ramené à un chiffre raisonnable, des pensions temporaires étant, dit-on, octroyées à ceux que frappe la mise en disponibilité.

Le Parlement, qui va prochainement se réunir, semble devoir être composé de personnalités notables — si les élections sont vraiment loyales et libres dans leur choix.

Quant aux coupables avérés, les grands concussionnaires, les voleurs, les bandits, les bourreaux, quelques-uns ont pu s'enfuir ; les autres, gardés à vue, seront livrés aux tribunaux réguliers.

Certes ! la tâche est lourde ; elle n'est pas hors de proportions, j'en suis sûr, avec le dévouement des vrais patriotes que la Turquie possède. Il y a bien des questions fort délicates et fort urgentes à résoudre. J'ai parlé des fonctionnaires en exercice, dont il convient de peser les services, de contrôler les titres ; il est impossible d'ignorer, d'abandonner les exilés, les victimes de l'ancien régime ; ce serait de l'injustice, de l'ingratitude ; ce serait en outre créer une opposition légitime contre le néo-népotisme.

---

[1] En janvier 1909, il a été décidé que douze jeunes fonctionnaires financiers ottomans seraient envoyés comme stagiaires à Paris

Tout cela ne peut pas être réglé sans travail, sans argent, sans emprunts. Mais avec de la droiture, de la sincérité, des efforts, on pourra tout obtenir de la bonne volonté des peuples ottomans, si l'on n'abuse pas de leur confiance.

A notre devise de *Liberté, Égalité, Fraternité*, qu'elle a adoptée tout de suite, la Turquie nouvelle a ajouté ce mot, JUSTICE ! (*Adalet*) qui est tout un programme, à moins que ce ne soit tout simplement un mot. Si le gouvernement lui reste fidèle, ce sera un grand honneur pour la nation ottomane [1].

[1] J'ai le regret d'ajouter aujourd'hui que, par des abus d'autorité, par son exclusivisme, par ses visées véritablement despotiques, la demi-douzaine de membres du Comité Union-Progrès qui mènent les autres, à leurs corps défendant, croit-on, semblent avoir fait perdre à ce groupe une partie de son prestige ; ils risquent de tout perdre, si cela continue, aux yeux des Amis de la Turquie et aux yeux des Ottomans eux-mêmes. Un député français, M. Joseph Reinach, écrivait au *Temps*, le 9 janvier dernier, à son retour de Constantinople, pour signaler ce danger qui n'est pas dans la nation, mais seulement dans une coterie. « Si le mot de Turc ou d'Ottoman, disait-il, devait être entendu, s'il était entendu au sens politique et non pas au sens technique et au sens religieux, la représentation des Grecs et celle des Arméniens (et il eût pu ajouter, celle des Arabes) seraient au Parlement triples ou quintuples de ce qu'elles sont. Le Comité Union-Progrès, qui est, à côté et même au-dessus du ministère, le vrai gouvernement de la Turquie, depuis six mois, ne l'a point entendu ainsi. Il a fait annuler par mesure administrative les scrutins qui auraient fait entrer à la Chambre un nombre considérable de députés grecs. Aux députés grecs et aux députés arméniens il a fait la part strictement suffisante pour permettre de dire au monde occidental que toutes les races et toutes les religions sont représentées à la Chambre... »

Le correspondant du *Times* fit la même remarque et l'*Hellénisme* (janvier 1909) montrait par des chiffres que dans le seul vilayet d'Andrinople la population turque, de 564.000 habitants, eut 9 députés ; la population non turque de 533.000 habitants n'en eut qu'un seul.

Lourde faute ! Bon nombre de journaux ottomans l'ont fait remarquer. Se plaignant du « Panturquisme le plus intransigeant » et le plus dangereux, un personnage écrit à la *Correspondance d'Orient* (1er *janvier* 1909), dans le même sens : « Les élections dirigées (par leur Comité) vinrent à l'appui. Le Parlement sera Turc en majorité, puisque 5 millions de Grecs, 10 millions d'Arabes et 4 ou 5 millions

Nous nous sommes entretenu des Turcs, mais il ne convient pas de séparer d'eux les autres races qui gouvernent avec eux, qui ont les mêmes charges et les mêmes prérogatives, les diverses religions aussi. Le cabinet a des ministres chrétiens. Son Excellence Naoum pacha, qui est venu à

d'autres nationalités n'y seront représentés que par une cinquantaine de députés sur 235 environ que forment la Chambre !... »

Manifestement, il y a, parmi les chefs de l'Union-Progrès des hommes qui, à tort ou à raison, s'imaginent qu'il ne peut exister aucune puissance supérieure ou même égale à la leur : l'attitude qu'ils ont prise au cours des élections, où fut combattue par tous les moyens la liste de l'Union Libérale Ottomane, avec le grand vizir Kiamil pacha, en tête, a laissé, à ce point de vue, la plus pénible impression. Le grand vizir n'obtint que 18 voix à Constantinople, malgré sa valeur personnelle, malgré ses hautes fonctions ; preuve de la pression inouïe exercée par la Comité contre ceux qui manifestaient vis-à-vis de la « Junte » la moindre indépendance.

Et l'opposition systématique, le parti-pris évident contre le prince Sabaheddine et son programme ont atteint parfois des proportions telles que la presse indépendante a dû s'en montrer véritablement écœurée.

L'un des plus importants journaux de Constantinople, le *Proodos*, a publié l'entrefilet suivant auquel je me reprocherais de changer un mot, laissant à mes lecteurs le soin de le commenter ainsi qu'il convient :

« Maintenant que l'ivresse électorale a cessé, il est opportun de passer en revue quelques détails pour faire connaître surtout au public la politique du parti des libéraux dont le chef est le prince Sabaheddine bey, homme digne et capable de rendre d'immenses services au pays. On connaît le programme politique du prince et les principes qui le guident. Ces principes peuvent contribuer, en respectant les droits de l'initiative privée de chaque nation alliée, à faire triompher le vœu commun, à savoir la grandeur et la prospérité de la patrie ottomane. Cet homme, qui a le passé le plus honnête, a été méprisé et attaqué violemment. On l'a même accusé de trahison ! Par malheur, ce fait n'est pas unique dans l'histoire.

« Cependant, le *vrai patriote*, qui conçoit bien qu'il faut redoubler ses efforts pour arriver au but poursuivi, s'efforce à chaque occasion, d'éclairer l'opinion publique, entraînée facilement par de *faux patriotes*. L'éducation du peuple et son instruction sont une œuvre patriotique.

« Le prince parlant, il y a quelques jours, à Direkler-Arassi, a développé son programme. Il a déclaré que c'est dans l'ancienne Grèce qu'il a trouvé sa théorie de décentralisation. Après avoir développé son thème, avec une grande clarté, le prince a parlé des accusations

Paris, pour reprendre les bonnes traditions, est un catholique syrien. Si cette diversité de nations est une difficulté,

qu'on a portées contre lui. Il a surtout insisté sur l'accusation qu'il entrerait en négociations avec le patriarcat œcuménique pour donner la Turquie à la Grèce !

« Nous ne mentionnons cette accusation que pour faire ressortir l'inanité de toutes celles dont on l'a abreuvé.

« Le parti du prince Sabaheddine n'est pas, en définitive, un parti politique qui tient à gouverner. Cependant, il faut qu'il arrive à prendre part aux affaires, car c'est son programme qui prêche la véritable Union et le progrès, c'est sous sa direction que les nationaux doivent travailler pour jouir, en réalité, des bienfaits de la liberté constitutionnelle. » (Cité par le journal la *Turquie*, du 16 décembre 1908.)

Les abus furent tels, en ces jours, paraît-il, que le *Proodos*, qui a horreur de l'ancien régime, s'écriait, le 23 décembre dernier, que « l'absolutisme serait préférable pour le pays ». Or, personne ne veut de l'absolutisme, ni celui d'un seul, ni celui d'un groupe.

Lors du retour du prince Sabaheddine en Turquie, il paraît que déjà le Comité Union et Progrès s'était laissé « compromettre ».

C'est ce qu'affirme la *Correspondance d'Orient* (1er janvier 1909) que dirige un des plus anciens collaborateurs d'Ahmed Riza et du Dr Nazim, le Dr Samné. Cette revue va jusqu'à dire : « Les « prisonniers du Ministère de la Guerre furent tous relâchés, en ver- « sant des grosses sommes d'argent au Comité... Les favoris ran- « çonnés, le tour vint aux capitalistes... Maisons de Banque et « Sociétés Anonymes, sous la menace d'être bientôt abandonnées par « leur personnel, ont dû vite reconnaître et se ménager les bons « offices du Comité, en lui versant des sommes dont le montant était « fixé après marchandage. Ces pratiques avaient fini par produire un « très mauvais effet. De l'avis même de leurs admirateurs les plus « convaincus, les martyrs de la Liberté se donnaient volontiers les « allures d'une Société d'exploitation de la confiance publique, etc. » (p. 218).

Nous continuons à citer la *Correspondance d'Orient* du 1er janvier 1909 :

« C'est justement cet état d'âme général qui explique, en quelque sorte, la réception triomphale faite au prince Sabaheddine. On pensait trouver en lui le modérateur, le compensateur, celui dont le programme se conciliait le mieux avec l'esprit nouveau et le régime égalitaire. Son affiliation dans le Comité, les amitiés qu'il y avait, pouvaient faire croire que son retour dans la capitale allait mettre un frein à certaines ambitions, les unes affichées, les autres secrètes, et apporter, en refondant avec le sien le programme du Comité, un tout complet, mûri, donnant satisfaction aux Ottomans en général. On ne

pour gouverner la Turquie, il n'y faudrait pas voir que des inconvénients. Ces races ont des aptitudes variées. Parmi les

se doutait pas de la contrariété qu'éprouverait le Comité Union et Progrès, de ce retour dont le bruit l'avait offusqué. En effet, il avait été profondément marri et un peu troublé. On avait même, en ce moment-là, parlé de scènes violentes qui auraient eu lieu à Smyrne entre un membre influent de l'Union et Progrès et Fazli bey, frère de lait du prince. La campagne de presse entreprise bientôt par les organes du Comité édifia le public sur les divisions qui régnaient dans le parti Jeune Turc. Le prince était accusé d'avoir des idées séparatistes et de prêcher l'émancipation des femmes ! Or, tout le monde savait à quoi s'en tenir sur ces accusations. Le Prince avait eu soin d'expliquer, dans plusieurs conférences, que la décentralisation mentionnée dans son programme, *purement administrative* n'impliquerait point l'autonomie politique des provinces de l'Empire. D'ailleurs, ses écrits, de beaucoup antérieurs à la proclamation de la Constitution, témoignaient que le Prince n'avait jamais dit autre chose. Dès lors, il devenait évident que ces Messieurs du Comité allaient battre en brèche par tous les moyens possibles, celui dont le prestige, mérité ou non, menaçait d'éclipser le leur. Le Comité Union et Progrès désirait régner *seul*. Au despotisme aveugle du couronné d'Yldiz succédait l'oligarchie tyrannique d'une confrérie... »

On a vu, ci-dessus, par la citation du *Proodos*, jusqu'à quels excès les hommes dont il est ici question se portèrent contre le prince. Et l'on n'a pas tout dit !...

L'auteur de cette *Correspondance d'Orient* parle ensuite de *l'Union libérale ottomane*, qui proclame « l'égalité de tous les sujets ottomans sans porter atteinte à leurs qualités de races distinctes » et ne se contente pas de le proclamer, car, comme l'écrit judicieusement dans la même Revue le Dr Samné, secrétaire général des *Amis de l'Orient*, et l'un des plus anciens coopérateurs d'Ahmed Riza, qu'il haranguait ainsi que le Dr Nazim, en leur récente visite à Paris, et qui, par conséquent, ne peut être suspect, « ce n'est pas tout que d'avoir une constitution sage et libérale, il faut qu'elle soit sagement et libéralement appliquée ».

« En plus des chrétiens, qui ont déclaré en masse adhérer au nouveau parti, continue le correspondant d'Orient, le nombre des musulmans augmente de jour en jour. Il est à noter que l'élite de la Société turque de Constantinople, détachée du Comité Union et Progrès, s'est inscrite au club des *Libéraux*... »

Aussi, un peu plus tard, la *Yéni-Gazetta* (11 janvier 1909), s'élevant contre le despotisme d'une collectivité aussi tyrannique que le despotisme d'un seul, se plaignait que jusqu'alors « une seule force faisait trembler tous les députés », c'était le Comité Union et Progrès de

Turcs, les Arméniens, les Albanais, les Grecs, les Arabes, etc.,
les uns sont des agriculteurs, des soldats, les autres des commerçants ; les uns ont un calme, un sang-froid précieux,

Stamboul ; « cinq à dix têtes réglaient le sort de la Nation à leur bon
plaisir... Le Comité avait accaparé, au sein de l'Assembléé, le mono-
pole de la politique et de l'Administration. Lui seul avait le droit de
parler, d'agir, de diriger les débats ; il pouvait, à son gré, réaliser ses
desseins, car il avait toujours la majorité et ne souffrait même pas
d'opposition. » C'était intolérable, dit le journal libéral turc : « Tous
les députés déploraient cette situation».

Malgré les espérances de *Yeni Gazetta*, le Comité occulte est
encore le Maître, les incidents de la retraite du grand vizir Kiamil
pacha l'ont bien prouvé : « Les journaux de Londres, commen-
« tant la crise, regrettent, généralement, qu'une faction politique
« comme le Comité Union-Progrès ait pris la haute main sur les
« destinées du nouveau régime » et, tout en croyant que le nouveau
grand vizir, Hilmi pacha, sera bien accueilli, le *Daily Graphic* regrette
que celui-ci soit la « créature d'un club jacobin » (citations du *Temps*
du 16 février 1909), tandis que le *Daily Telegraph* espère que Hilmi
pacha « veillera à ne pas se laisser dominer par la Junte..., société
« secrète sans responsabilité ». — « Les membres du Comité ont
« gagné la gratitude de leurs compatriotes ; qu'ils ne présument pas
« trop de cette gratitude, dit le *Standard*, une fois le gouvernement
« constitutionnel établi, ils devront modifier leur fonctionnement,
« sinon ils disparaîtront. » (*Écho de Paris*, 15 février 1909.)

Nous ignorons ce qui s'est passé dans les conseils secrets du Comité
occulte Union et Progrès, accusé d'avoir cherché à détrôner Abdul
Hamid pour donner, sous le couvert d'une dictature, au prince Youssouf Izzeddine effendi (fils du sultan Abdul Aziz) le trône qui appartient, de par la Constitution (article 3), à l'aîné de la famille d'Osman,
c'est-à-dire, aujourd'hui, au prince Réchad effendi, troisième fils du
sultan Abdul Medjid, et ensuite au prince Izzeddine. Pendant que,
d'une part, les journaux avançaient que le prince Youssouf Izzedine
avait depuis longtemps de chauds amis parmi les chefs de l'*U. P.*
et que ceux-là auraient décidé, à la Révolution, de conserver le
sultan Abdul Hamid jusqu'au moment favorable à leurs desseins, il
convient de noter, d'autre part, que le Comité Union et Progrès
traite ces propos d' « inventions mensongères de quelques « misé-
« rables, qui agissent, on ne sait pourquoi, comme ennemis de
« l'humanité et de l'empire », ce qui est bien violent, mais peut
s'expliquer également, soit par une explosion de vérité, soit par une
explosion de colère.

A noter cependant qu'en sa lettre de démission de Ministre de

dans l'art de la politique, les autres une vivacité, un besoin d'action qu'il ne convient pas de dédaigner.

l'Intérieur (12 février), le grand-vizir actuel, Husseïn Hilmi pacha, rappelait à son prédécesseur, Kiamil pacha, qu'au dernier Conseil des ministres, celui-ci avait déclaré à ses collègues du cabinet « qu'il « connaissait depuis quinze jours le complot tramé pour la déposition « du sultan » dans les conditions expliquées ci-dessus.

Une chose est acquise : Kiamil pacha, réputé très circonspect et très patient — il l'a montré dans les affaires extérieures — a cru devoir, sur-le-champ, de lui-même, remplacer le ministre de la guerre et le ministre de la marine ; vraisemblablement il avait pour cela, de très graves raisons : la prudence qu'il avait montrée jusque-là rendrait inexplicable un acte accompli par pure fantaisie, malgré que, d'ailleurs, la Constitution lui en donnât le droit.

On aurait peine à croire que ce soit pour favoriser un retour à l'ancien régime, dont personne ne veut. Accusé contre toute vraisemblance de « favoriser la réaction » (c'est l'accusation habituelle contre tous ceux que le Comité secret suspecte d'indépendance) et sommé de venir s'expliquer à l'heure dite, devant les députés excités, on alla jusqu'à lui refuser ce que l'article 38 de la Constitution lui accordait pourtant, le Ministre ayant « le droit d'ajourner sa réponse s'il le juge nécessaire ». Enfin, Kiamil pacha, combattu par le Comité, aux élections, acclamé unanimement par la Chambre des Députés, à la lecture de son programme, n'avait pour lui que 8 voix contre 198, le 13 février dernier, dans cette même Chambre, et remettait sa démission au Sultan, « rejetant la responsabilité de la situation sur ceux qui l'ont créée. ».

Une foule de braves gens, mal renseignés (jusque dans l'armée), s'imaginèrent que le Comité U. P. venait de sauver la Constitution, de défendre la Liberté contre l'Absolutisme, comme si, pour des tentatives de réaction, on eût fait appel au loyal soldat qu'est le général Nazim pacha, choisi pour ministre de la Guerre ! Mais on commence à voir clair et l'on saura bientôt, sans doute, ce qu'il faut penser de ce soi-disant « coup d'État » rêvé par Kiamil pacha — ou par ses adversaires — et de l'opposition du Comité contre l'ex-grand vizir.

La note gaie, maintenant : Munir s'est déclaré fort « réjoui » de la démission de Kiamil pacha, dans un interview du *Gaulois* (21 février), à cause des « procédés anticonstitutionnels non déguisés » — c'est l'ex-ambassadeur qui le dit — de l'ancien grand vizir ! Aussi, l'interviewer, en constatant que Munir, qui a tant peur du retour à « l'Absolutisme » — lui aussi ! — est « éloigné momentanément » des affaires, s'imagine peut-être que le Comité Union-Progrès va l'appeler, un de ces jours, au pouvoir, afin de défendre la Constitution contre « l'Absolutisme »... de l'Union Libérale Ottomane !...

Je ne me le dissimule pas, c'est de ces diverses races, sans nul doute, que viendront les grandes difficultés dont la solution dépend, à la fois, du pouvoir central et des intéressés. Vouloir tout unifier en Turquie, espérer fondre toutes les races en une seule, jeter dans le même moule des nations toutes différentes, sans tenir compte de leurs origines, de leurs religions, de leurs mœurs, de leurs habitudes, de leur tempérament, de leur langue, ce ne serait pas seulement la plus grossière des erreurs, ce serait aussi la plus grande des fautes que l'on pût commettre.

Ce qui est indispensable, c'est sous un pouvoir central, unique, vraiment national, sous un pouvoir fort, et fort non seulement matériellement, mais moralement par l'adhésion sincère et loyale de tous les citoyens de l'empire, c'est de donner à chacune de ces races, musulmane ou non musulmane, Turque ou autre, sans supercheries, tout ce qu'il est possible de lui donner, pour sa satisfaction et pour la coopération au bien commun. Le loyalisme des Grecs, des Arméniens, des Israélites, des Albanais, des Arabes, etc., vis-à-vis de l'empire ottoman n'est pas douteux. Mais il faut, d'abord, qu'ils puissent être tous bien convaincus que, de leur côté, « les Turcs ne demandent rien pour eux, qu'ils ne le demandent également pour tous les ottomans », — comme le dit, comme le veut, le prince Sabaheddine, — et cela nettement, franchement, sans arrière-pensée de domination et de subordination d'une race à une autre ; il faut que chacun des groupes musulmans ou non musulmans se trouve aussi satisfait en Turquie que les Canadiens français se montrent satisfaits sous le gouvernement anglican de la Grande-Bretagne, qui ne les a pas violentés, qui leur a laissé leur langue, leurs écoles, leur culte catholique, toutes leurs habitudes ; ce n'est qu'à ce prix que les Anglais ont pu garder le Dominion. Il faut qu'il n'y ait ni opprimés ni oppresseurs ; seulement des collaborateurs loyaux, fidèles à la devise « Liberté, Égalité, Fraternité — et Justice ! »

Personne n'a été plus frappé de cette nécessité gouvernementale que le prince Sabahaddine, lorsqu'il a fondé, à Paris, en vue du présent et aussi de l'avenir, sa *Ligue de décentralisation administrative et d'initiative privée.*

Oubliant apparemment que l'article 108 de la Constitution dit expressément : « *L'administration des provinces aura pour base le principe de la décentralisation...* » quelques personnes ont voulu ne pas comprendre ce programme ; elles ont même été jusqu'à dire que cette décentralisation provinciale, cette décentralisation administrative [1] (préconisée par le prince Sabaheddine, avec une lumineuse compréhension des nécessités politiques, — que dis-je? avec le bon sens le plus élémentaire, qui est souvent le sens politique le meilleur) — pourrait être une atteinte portée aux institutions monarchiques, au pouvoir central, national, unique; comme si, dans tous ses écrits, depuis neuf ans, le prince n'avait pas invariablement blâmé toute tentative de séparatisme, d'autonomie et de fédéralisme dans l'empire turc ; comme s'il n'avait pas condamné tout changement en l'ordre politique établi, tout changement en l'ordre de succession prévu des héritiers au trône d'Osman [2]!

---

[1] Le *Mechveret*, d'Ahmed-Riza bey (numéro du 1er janvier 1906), publiant le *Programme de la Jeune Turquie*, où, sous la devise : *Ordre et Progrès*, on répudiait « tous les moyens violents » pour obtenir les réformes et la Constitution, inscrit aussi, parmi ses desiderata, « la décentralisation administrative ». Que penser, après cela, de ces interview et de ces manifestes de l'Union Progrès, comme celui publié par le *Chouraï-Ummet* (V. *La Turquie* du 19 février), affectant, malgré tout, de confondre « Décentralisation » avec « autonomie des vilayets ? » Il n'y a pires sourds que *ceux qui ne veulent* pas entendre.

[2] Le prince, protestant contre une fausse nouvelle publiée, écrivait (sa lettre a été publiée dans le *Gil-Blas* du 17 octobre 1906) : « Il ne « m'est pas possible d'accepter, sans protester, le rôle que vous me « prêtez... Je ne suis nullement prétendant au Trône. Je travaille « uniquement au relèvement de mon pays, en contribuant à y déve- « lopper l'essor des idées favorables à la cause du progrès et de la « civilisation... inséparable de celle de l'héritier légitime de l'empire, « le prince Mohamed Rechad... »

C'est pourtant à cet article 108 de la Constitution, interprété par le programme du prince Sabaheddine, qu'il faudra s'en tenir, si l'on veut faire de bonne politique.

Ce programme est incontestablement tout à fait conforme à l'intérêt général, aux mœurs particulières, aux conditions géographiques, ethniques, religieuses, permettant de ne pas attendre tous les efforts de l'État omnipotent, mais de compter aussi sur *l'initiative privée.*

Il est évident que les diverses races unies, dans les mêmes droits et les mêmes charges, pénétrées, amalgamées, apportant leur contingent d'originalité au gouvernement national, central, pourront faire rapidement, de la Turquie, une des nations les plus florissantes du globe, surtout si elles s'attachent, dans la mesure qui convienne, des Européens plus expérimentés.

On vous a dit, peut-être, que les ottomans sont xénophobes. Rien n'est moins exact. Il se peut que, dans la Presse ou dans le Comité occulte, maître, aujourd'hui, de la Turquie, d'autres idées aient cours ; mais c'est l'exception. Tous les Turcs qui ont le sens pratique demandent des concours étrangers — et je ne serai pas démenti, en ajoutant, *surtout* des Français. Je suis heureux de constater que, déjà, plusieurs de nos compatriotes s'en rendent compte et que M. le Ministre du commerce vient d'envoyer un de ses délégués pour faire une enquête, d'ailleurs bien facile à poursuivre, car elle est faite depuis longtemps et elle est concluante. Mais il ne faudrait pas que la France se bornât à faire des enquêtes. Malheureusement l'Angleterre, l'Italie, l'Amérique même semblent peut-être profiter plus que nous de la situation nouvelle, et dans des conditions assurément moins favorables. Ce que les Turcs ne veulent plus, c'est voir des étrangers venir chez eux pour les exploiter. Ils demandent des coopérateurs et non des spoliateurs. La richesse de leur sol et de leur sous-sol est incalculable. Ils désirent la faire fructifier, en co-associés loyaux et probes ; ils ne veulent plus qu'on la donne, pour récompenser des vilenies ou des crimes et qu'on la livre, contre leurs propres intérêts, à des étrangers qui, parfois, étaient aussi des ennemis[1]. Voilà toute leur xénophobie. Qui pourrait la leur reprocher?

Quiconque a vu, sous l'ancien régime, les habitants des villes et les revoit aujourd'hui, éprouve quelque peine à les reconnaître. Au lieu de cette rigidité des traits, de ces mines impassibles, impénétrables, comme figées dans la méfiance et meurtries par la douleur, ce ne sont que visages souriants, épanouis, ouverts et confiants, heureux enfin de vivre libres et d'avoir pu se débarrasser de cette chape de plomb qui, dans l'*Enfer* de Dante, semble avoir été imaginée par le poète pour figurer le fardeau pesant sous lequel les ottomans étaient jusqu'ici courbés.

C'est surtout au retour des exilés qu'on a pu constater la joie sincère, exubérante — j'oserais dire méridionale — qui règne, enfin, dans tout l'empire libéré. On l'a bien vu, à la rentrée du maréchal Fouad pacha, à celle du patriarche des Arméniens, S. B. Mathéos III Izmirlian, à toutes les arrivées des proscrits. Jamais elle ne s'est manifestée plus splendidement que le 1er septembre 1908 dernier, lorsque le prince M. Sabaheddine ramena le corps de son père Damad Mahmoud pacha dans la patrie dont ils

---

[1] Il y aurait une étude spéciale à faire sur la *Turquie industrielle et commerciale ;* nous nous contenterons de renvoyer, pour les plus récents travaux, au chapitre portant ce titre, de l'ouvrage de M. Paul Fesch, pp. 513 à 563, et encore à *La Turquie économique,* par M. G. Carles (Paris, in-18, 1906), à *France et Turquie,* par M Alfred Durand (Paris, in-18, 1906), et à la *Carte administrative, économique et consulaire,* du même auteur, Paris, 1908 : au *Rapport sur les relations commerciales entre la France et la Turquie,* par M. Paul Fesch (*Bulletin de la Fédération des Industriels et commerçants français,* décembre 1908, pp. 79-87).

avaient eu la douleur de se séparer, pour la mieux servir, en France, en pays libre.

Je voudrais pouvoir vous faire assister, avec nous, à tous les incidents de cet inoubliable voyage (le prince avait bien voulu m'inviter à l'accompagner), depuis le départ de Paris, le 26 août dernier, à la gare de Lyon, jusqu'à l'arrivée triomphale, dans la capitale de l'empire ottoman, le 1er septembre ; par Marseille, où les Arméniens étaient venus apporter la première des couronnes qui, à chaque escale du *Sénégal*, des Messageries maritimes, puis de la *Principessa Maria*, sur lequel eut lieu, aux Détroits, le transbordement des cendres de Damad Mahmoud pacha et qui amenait des délégations Turque, Grecque, Arménienne, celle du *Térekki* et cinq représentants du Comité Libéral Persan, venaient s'entasser sur le catafalque mortuaire, au Pyrée, d'Athènes, à Smyrne, aux Dardanelles, à San Stefano, partout, apportées par la population riveraine, dans les sentiments qu'exprimait ainsi sur ses rubans rouge et blanc l'une des gerbes de fleurs : « *Le Comité Union Progrès au héros de la Liberté.* »

Partout, les embarcations fleuries et pavoisées, avec musiques militaires et civiles, jouant la *Marseillaise* et la nouvelle *Marche de la Constitution*, faisaient escorte au paquebot princier ; depuis les barques d'humbles pêcheurs jusqu'à l'*Yzeddin* impérial et les grands navires, qui amenaient à la rencontre des exilés, avec un aide de camp du Sultan, le général Oubedullah pacha, des princes de la famille impériale, parmi lesquels les petits-fils du Sultan Mourad V, le fils du cheik ul Islam, Mouktarbey, les représentants des divers patriarcats grecs et arméniens, orthodoxes et latins, le maréchal Fouad pacha, d'autres notabilités de l'empire, des délégations du comité *Terekki* (avec le Dr Réchad Nihad, le commandant Ali Kémal, Djelaleddin, Scalieri, Mahir, Chefket, Noury, Chinassi, H. Tussoun, Malhoumian, Basmadjian, Zahrtarian, etc.), des délégations turques, arméniennes et grecques et des représentants de la presse, *Razmig*, *Ikdam*, *Sabah*, *Yeni Gazetta*, *Serveti Funoum*, etc., etc.

Que ne puis-je décrire avec la plume d'un Loti l'entrée à Stamboul, l'arrivée à Galata, vous faire entrevoir un instant au fond, et peu à peu, comme nous enveloppant, au fur et à mesure que nous avancions, depuis San Stefano, en ce cadre universellement admiré, éternellement admirable, du port de Constantinople, ses collines lumineuses, éclairées par les derniers feux du jour, ses silhouettes de coupoles arrondies, comme chevauchant vers les nues et ne semblant séparées que par des platanes centenaires et des minarets sveltes et légers, cierges gigantesques portant la prière vers le ciel, au milieu de clartés crépusculaires, estompant les horizons de poussière gris et or, en un paysage éthéré en quelque sorte fantastique, supra terrestre ; la Marmara aux eaux bleues frangées de blanc, à peine visibles sous les embarcations, les caïks amenés du Bosphore, de la Corne d'Or, de partout ; au milieu, trente navires plus imposants, évoluant avec difficultés, pour éviter l'abordage, penchés comme en une majestueuse révérence, par l'énorme contrepoids de tous les ottomans groupés à tribord, à babord, vers le navire des princes ; et sur les lices, et sur les ponts, et sur les passerelles, et dans les vergues, et dans les haubans, une foule innombrable, agitant de petits drapeaux, jetant des fleurs, battant des mains, poussant des hourrahs de joie et de reconnaissance, en toutes les langues, dans tous les tons, les *vivat* latins se mêlant aux *zito* des Grecs, aux *yachassine* des Turcs ; et cela, sans aucune interruption, pendant une heure, les : vive Sabaheddine !... vive la Liberté !... Yachassine huryet !... confondus avec le bruit des fanfares, les crépitements de la poudre, les cris stridents et triomphants répétés sans interruption, à la mode exclu-

sivement roumaine, des sirènes, saluant de la voix, tandis
que les vaisseaux saluaient de leur pavillon.

Nous n'avancions qu'avec la plus grande peine, tandis que
sur les rives qui semblaient venir à nous, les bras tendus,
tant que la vue pouvait s'étendre et distinguer, la foule, en
délire, répétait ses acclamations, jetait des fleurs et manifestait une joie vraiment débordante, inlassable.

Mais comment ai-je pu oser seulement vous donner une
pâle idée de cette inoubliable rentrée à Constantinople
dont les témoins seraient en droit de me reprocher l'insuffisance de ma palette ou de mes pinceaux?

L'opérateur d'une Société de cinématographe français,
qui n'avait pu qu'à grandes difficultés trouver passage sur
un remorqueur (tous les bateaux du port étant loués
depuis trois jours), me manifestait sa surprise en ces
termes : — J'ai vu, disait-il, bien des foules : j'ai vu les
manifestations Boulangistes à Paris; j'ai vu les réceptions
du Czar et des marins Russes, et Dieu sait si elles étaient
belles ! Je n'avais jamais vu spectacle aussi grandiose....

Et les journaux, se demandant si la foule venue pour
saluer le prince Sabaheddine et les restes de son père, pouvait s'évaluer à 300, 400, 500.000 hommes, avaient la même
note ; le *Stamboul*, du 5 septembre, parlant de « l'enthousiasme général » qui a poussé toute la population de Cons-
« tantinople vers les quais de Galata » se faisait l'écho
de « cette *incroyable démonstration qu'on n'avait jamais vue,
et*, ajoutait le directeur de ce journal, « *qu'on ne reverra
peut-être jamais* ».

Il ne faut pas moins d'une heure entière, employée à des
tentatives toujours vaines, pour que le noble exilé puisse
descendre de la *Principessa Maria*, tant la foule est dense, au
bord du quai. Puis, lorsqu'il est, en quelque sorte, jeté du
bord dans cette masse humaine, immédiatement on l'en-

lève, on le porte, de bras en bras, jusqu'à sa voiture, à quelques mètres de la mer ; et les chevaux sont dételés. Le prince, ému, comme il devait l'être, ne pense qu'au danger couru, en telle cohue, par les manifestants, qui baisent ses mains, son manteau et, sans interrompre les acclamations, le traînent et l'escortent ainsi, jusqu'à son palais du Bosphore, qu'il n'a pas revu depuis décembre 1899 : il y a 6 kilomètres et demi des quais de Galata au palais de Kouroutchesmé !... [1].

Pourquoi tairais-je la joie vraiment indicible que j'éprouvais, qu'éprouveront à ce récit tous ceux qui ont connu, ou seulement approché le prince Sabaheddine, en voyant la Turquie rendre au petit-fils du sultan, d'Abdul Medjid le Juste, l'hommage de reconnaissance, d'admiration et d'espérance aussi, que méritent son patriotisme éclairé, son abnégation personnelle invariable, son courage persévérant, ses efforts infatigables, pendant ces neuf longues années d'exil volontaire (en dépit de toutes les tentatives, de toutes les souffrances, de toutes les menaces et même de toutes les calomnies), pour arriver à affranchir son pays de l'oppression mortelle.

J'éprouvais une grande joie, certes ! mais en même temps, je l'avoue, une angoisse profonde. Je savais, mieux que personne, je crois, ce dont le prince Sabaheddine est capable : je connais son sentiment du devoir, sa loyauté, sa probité, son désintéressement personnel — j'insiste sur ces qualités,

---

[1] On disait partout, à Constantinople, le lendemain (les correspondants du *Figaro* et d'autres journaux l'ont répété), que, si, par hasard, le prince avait préféré à sa voiture les chevaux de selle qu'on avait également préparés, ce n'est pas chez sa mère, Seniah sultane, c'est à la Sublime-Porte qu'on l'eût entraîné de force et proclamé sultan, malgré lui, sans réfléchir aux conséquences, sans tenir compte de sa volonté, de sa fidélité aux Constitutions de l'Empire, de son respect pour les lois de succession au trône d'Osman. J'ai dû citer ce trait pour montrer l'enthousiasme et, qu'on me permette l'expression, l'emballement de la foule constantinopolitaine, sous le régime nouveau, quand il s'agit de patriotes, de réformes et de liberté.

car elles sont bien rares ! — Mais je crus comprendre, en même temps, que ce peuple, venu pour le saluer et l'acclamer, attendait de lui, tout de suite, sans se rendre compte des impossibilités, non seulement de bonnes paroles, mais de grandes choses. Or, je n'ignorais pas que plusieurs membres du Comité *Union Progrès*, et non des moindres, ne voyaient ces manifestations qu'avec dépit, qu'ils avaient essayé par tous les moyens de les prévenir, de les empêcher, qu'ils ne s'étaient résignés à s'y associer, ou, plutôt, à sembler s'y associer, que quand ils eurent acquis la conviction que toute tentative pour en atténuer l'effet serait vaine et dangereuse pour le souci de leur propre popularité. Il était, dès lors, évident que l'on s'opposerait à toute action personnelle du prince et de ses amis et qu'on tirerait ensuite argument de cette inaction qu'on avait rendue fatale. Il était aisé de le comprendre, aux premiers contacts.

Et pourtant mon imagination n'aurait pas pu aller jusqu'à soupçonner alors à quel degré de violences, et j'ose dire d'ingratitude, certain groupe puissant ne craindrait pas de s'abaisser, dans sa guerre implacable contre ce petit-fils des sultans, qui n'avait jamais commis d'autre faute que d'adorer sa patrie et de souffrir volontairement pour elle ; qui, ce jour-là, ne pouvait même pas laisser son cœur se dilater dans la joie du retour, car il ne pouvait oublier qu'il ramenait avec lui les cendres de son noble père, mort attristé sur la terre d'exil, sans avoir vu, comme lui, l'aube de la Liberté, pour laquelle ils s'étaient sacrifiés l'un et l'autre.

Oui, jamais manifestation plus grandiose, plus spontanée ne fut hommage plus justifié, car on voudra bien croire celui qui, depuis le premier jour de l'arrivée du prince en Europe, ne l'a, pour ainsi dire, pas quitté un instant et qui fut le témoin et le confident de sa vie la plus intime, jamais, de 1899 à 1908, le prince Sabaheddine n'a passé, pour ainsi dire, un seul moment, sans se préoccuper du salut et de l'avenir de sa patrie.

Je suis doublement heureux de son retour en Turquie, car son éloignement me permet d'encourir le reproche qu'il m'a plus d'une fois adressé, de ne pas garder pour moi seul mes impressions. Non, mon amitié n'est point aveugle. Je puis d'ailleurs en appeler à tous les hommes de bonne foi, qui ont eu quelques rapports avec lui, très certain qu'ils ne me démentiront pas, si j'affirme, après l'avoir éprouvé, à travers tant de vicissitudes, courageusement, héroïquement supportées par le prince Sabaheddine, qu'il n'y aura jamais à redouter de faiblesses vulgaires d'un caractère aussi solidement trempé, d'un homme de conscience si droite, si élevée, que l'on peut bien dire de lui, sans exagération, qu'il est la personnification de la conscience.

S'il avait eu quelque ambition personnelle, je puis en témoigner, il eût pu la satisfaire ; on l'y poussait, on l'y forçait presque. Mais ceux qui pourraient aujourd'hui prendre ombrage de sa légitime popularité peuvent être bien tranquilles. Son désintéressement du pouvoir est absolu ; il ne connaît d'autre ambition que la plus noble, celle de faire le bien, à son rang, à sa place, sous les institutions actuelles.

Les hommes d'une haute intelligence sont rares partout ; les hommes d'une haute valeur morale sont plus rares encore : le prince Sabaheddine possède ces deux très rares qualités, et je suis certain que la Turquie, si Dieu le lui conserve, en pourra tirer le plus grand profit [1].

[1] Il n'a jamais eu de sa haute lignée, des trente-quatre empereurs dont le sang coulé dans ses veines, d'autre sentiment que celui des devoirs que sa naissance lui impose ; s'il n'écoutait que ses goûts, il préférerait, assurément, continuer ses chères études. Quand il s'exila, à 21 ans, il parlait déjà l'arabe, le persan, comme le français, qu'il parle comme un Parisien ; on le considère comme un des premiers orateurs turcs, depuis les conférences qu'il vient de faire à Péra, à Bebek, à Smyrne, en Macédoine ; l'histoire et la littérature française et étrangère lui sont familières ; à vingt ans, il traduisit en turc, *Jocelyn* de Lamartine ; il a tenu à étudier de bonne heure les divers systèmes philosophiques, politiques, économiques et il n'est pas plus étranger aux livres de Hæckel et Buchner qu'à ceux de Fouillée,

Et devant cette splendide apothéose faite à l'entrée, à Constantinople, d'un jeune homme, d'un cercueil, et de l'idée à laquelle il s'était sacrifié, notre pensée se reportait à l'inhumation provisoire, toute simple, toute modeste, par une froide journée de février 1903, des restes de Damad Mahmoud pacha, au cimetière musulman du Père-Lachaise. Nous avions à la mémoire la manifestation qui précéda notre départ, avec le concours des Libéraux ottomans présents à Paris. En déposant sur la tombe provisoire qui allait s'ouvrir le lendemain la palme des héros et des martyrs — héros du sacrifice, martyrs de la liberté — nous évoquions les actes et citions les dernières paroles du grand patriote, protestant jusqu'à son dernier soupir, jusque dans la tombe, contre la tyrannie dont souffrait la Turquie, et disant, comme un grand pape : « J'ai aimé la Justice, j'ai haï l'iniquité, c'est pour cela que je meurs en exil[1]. »

Le contraste fut encore plus frappant, à Constantinople le lendemain de notre arrivée, dans cette journée du 2 septembre où, pendant près de sept heures, un immense concours de peuple fit cortège aux dépouilles mortelles de Damad Mahmoud pacha, dans la cour de la caserne d'artillerie et de la mosquée de Top Hané, où fut faite la levée du

Le Play et d'Edmond Demolins, pour lequel il avait un véritable attachement. Dans les sciences, il connaît assez les divers branches de la biologie pour faire un chimiste distingué, un excellent médecin, et M. Lœwy, lorsqu'il nous fit visiter l'Observatoire de Paris, par l'intermédiaire de mon ami Flammarion, eût été moins surpris de son savoir en astronomie, s'il avait appris qu'en quittant Pendick, en 1899, le prince Sabaheddine s'occupait de faire ériger un observatoire pour son propre usage, à côté du laboratoire où il faisait des expériences de radiographie, etc.

[1] Les manifestants, à la tête desquels marchait le prince Sabaheddine, sont allés ensuite déposer une couronne sur la tombe de l'Arménien libéral, Odian effendi, mort en exil à Paris. (Voir plus loin, *in fine*, *Annexe* A. et les journaux de cette date, pour les détails, et les discours prononcés.)

corps ; dans la Corne d'or, au milieu des bâtiments de commerce et de la flotte de guerre, rendant les honneurs funèbres, et dans les pittoresques rues d'Éyoub, où les officiers et les civils, se relevant de minute en minute, par groupe de 32, tenaient à honneur de porter le cercueil sur leurs épaules, précédés de théories et de groupes d'enfants des médressés, d'imans et de derviches, chantant des cantiques et accompagnés par les plus hauts représentants des Églises chrétiennes, tous unis dans les mêmes sentiments de tristesse, de gratitude et d'espérances [1]. Au turbé de Hazreti-Halid, à la mosquée qui porte le nom d'Éyoub (le compagnon du prophète, tué sous les murs de Constantinople et où le sultan vient à son avènement ceindre le sabre de Mahomet), le Cheik ul Islam qui n'assiste pas, d'ordinaire, aux funérailles et qui avait tenu à suivre, jusqu'au bout celles de Damad Mahmoud pacha, interrompant les prières rituelles, interpella les assistants en un puissant effet oratoire, et s'écria : — Pourquoi donc rendez-vous de tels honneurs à cet homme qui n'est plus rien? Est-ce parce qu'il fut juste? parce qu'il fut bon? parce qu'il fut honnête et probe? parce qu'il aima sa patrie, qu'il travailla au triomphe de la

---

[1] Dans la foule immense, qui occupait des kilomètres, on eût pu citer, avec les princes Sabaheddine et Loutfoullah, les fils du défunt, le fils et les petits-fils du sultan Mourad V, S. A. le Cheik ul Islam et son fils, Mgr le docteur Terzibachian, premier secrétaire du patriarcat arménien catholique ; d'autres membres du clergé, dont il ne m'est pas possible de donner les noms ; les maréchaux Fouad pacha, Djémil pacha, le général de division Riza pacha, ministre de l'Artillerie, le colonel Riza bey, aide-de-camp du Sultan, et presque tous les officiers de Constantinople ; S. A. I. le prince Burhaneddine-Effendi, fils du Sultan ; les damads Ferid pacha, Ghalib pacha, Halid pacha et Salih pacha ; le prince Sami, fils de S. A. I. Mediha sultane ; le prince Djelaleddine, fils de S. A. I. Djémilé sultane ; Ekrem bey, ministre des Fondations pieuses ; le général de division Nazim pacha, commandant du 2e corps d'armée ; les délégués des patriarcats œcuménique, arménien, arménien catholique, ainsi que du grand rabinat israélite.

Liberté? » Et le religieux silence fit place à mille échos qui répondirent : *evet, evet* (oui, oui), Mahmoud pacha fut un juste, un homme honnête et bon ; ce fut un vrai libéral, un véritable patriote !

Et comme tout cela était exact ! Combien de fois (je me le rappelais mieux encore, à ce moment-là) n'avais-je pas entendu ce mort, depuis son arrivée à Paris, en 1899, dire, comme son fils le prince Sabaheddine se plaisait à le répéter, toujours fidèle et respectueux des coutumes et des lois de l'empire, relatives à la perpétuité de la monarchie ottomane et de la succession des héritiers des sultans, que c'était peut-être la première fois qu'on verrait des princes, personnellement désintéressés, faciliter une révolution dont bénéficierait le peuple. Ce fut là leur unique ambition, leur unique orgueil.

Aujourd'hui, cette révolution est faite. L'évolution commence : que sera-t-elle ? Assurément cela dépend des desseins de la Providence. Mais si cela dépend aussi de la valeur morale et intellectuelle des hommes qui y prennent part, je puis l'attester, le prince Sabaheddine sera l'un des meilleurs ouvriers de la régénération et de la prospérité de la Turquie ; aucun homme loyal, intelligent et sincère, parmi ceux qui ont pu connaître ses trop rares mérites, ne le contestera. Et sachant aussi tout ce que ressent, tout ce que désire, tout ce qu'espère, la jeune génération ottomane, des classes libérales, médecins, officiers, ingénieurs, avocats, etc. etc., les nombreux musulmans et chrétiens, dans l'armée ou les Comités, dans la presse, dans les fonctions publiques, je ne crois pas m'avancer trop, en espérant que, malgré les difficultés, les réformes seront aussi parfaites, que les œuvres humaines peuvent l'être, *si tous les dirigeants sont, comme mes amis, sincèrement, loyalement, libéraux,* résolument décidés à appliquer strictement le *programme d'union* et *d'égalité absolue entre les musulmans et non musulmans et à ne substituer jamais la tyrannie collective au despotisme d'un seul.*

Aussi devons-nous faire et faisons-nous, pour l'humanité, pour la paix européenne, en faveur du plein succès de cette révolution pacifique et libérale, les vœux les plus ardents, nous surtout, Français, que les Ottomans se plaisent à considérer comme leurs éducateurs et leurs guides, depuis tant d'années déjà, et qui ne pouvons aller en Orient sans nous retrouver avec des amis [1].

[1] Les journaux de Constantinople de la fin de novembre annoncent que « le *Comité Central Union et Progrès*, qui siégeait à Salonique, s'est dissous pour se reformer en *Comité occulte, dont le siège reste inconnu* ». Ils ajoutent que « la section de Constantinople, qui est une émanation du Comité central, s'est aussi dissoute et est devenue *Comité secret* ». Les Ottomans et les Étrangers se demanderont si tant de mystère, pour cacher le siège et les noms des membres du « Comité occulte », ou « comité secret » — on dit parfois Comité Fantôme — est bien nécessaire après la chute du despotisme, lorsqu'il s'agit de remédier à l'anarchie et de s'occuper « avec des vues très larges » de la « prospérité de l'empire ». Le moindre des inconvénients de ce système c'est l'échapper à toute responsabilité ; c'est aussi de permettre à des personnalités audacieuses et peu scrupuleuses de s'attribuer un mandat qu'elles n'ont reçu que d'elles-mêmes et que nul — sans trahir le mystère — n'est en mesure de leur contester. Non, sous le nouveau régime, les Ottomans n'ont pas à se cacher de faire le bien, tout au contraire. Et l'Union Progrès n'a pas à absorber l'omnipotence, surtout l'omnipotence occulte : cet abus aurait un autre nom.

Voici, d'après le journal *Ecclesiastiki Alithia* et traduite par le journal la *Turquie* du 1er décembre 1908, la formule du serment imposée aux membres de ce Comité occulte : serment qui ressemble trop à celui des sociétés secrètes et suspectes.

« Je jure, sur ma religion et mon honneur, qu'à partir de ce moment où je me fais *membre du Comité*, qui a pour but principal le progrès et la prospérité de notre patrie et *l'union de tous les Ottomans*, je travaillerai conformément aux règles et aux lois du Comité et que je ne dévoilerai jamais aucun *secret* de la Société à une personne qui ne soit pas membre du Comité et surtout aux membres n'ayant pas le droit de connaître les *secrets du Comité*. Je jure que je n'hésiterai

Je devrais m'arrêter, tout en sachant qu'il me reste bien des choses à dire. Je ne puis cependant vous quitter sans ajouter un mot de la « question » qui, parmi les *questions d'Orient*, domine, paraît-il toutes les autres, si j'en crois d'excellents reporters venus m'interroger, au moment de mon départ pour Constantinople.

— Les femmes turques garderont-elles leur voile?

Eh bien ! depuis mon voyage, je puis dire qu'elles commencent, sinon à l'enlever, du moins à le soulever. Elles ne le pouvaient pas, autrefois, sous les regards de la police. Elles seraient à peu près libres, aujourd'hui, de s'en passer, si l'usage, la mode, même en temps de révolution, n'était un maître despote, pour les voiles, comme pour les jupes et — comme pour les chapeaux.

Dans les jardins impériaux, où la foule s'était assise au passage, le vendredi, des curieux du Sélamlick, j'ai vu des milliers de femmes, et bien peu restaient voilées. Si la coquetterie n'est pas un travers exclusivement occidental, je veux même croire que celles qui cachaient leurs traits étaient toujours les plus jeunes et les plus jolies.

Au reste, c'est encore une erreur de croire que cette cou-

jamais à remplir les devoirs dont je serai chargé et les décisions du Comité qui ont pour but d'appliquer entièrement la Constitution et d'assurer le maintien du Régime Constitutionnel, octroyant à la nation les droits de liberté. Je ne trahirai jamais le Comité et *je veux tuer immédiatement*, aussitôt que je recevrai l'ordre du Comité, tous ceux qui trahissent le Comité et qui travaillent pour mettre obstacle aux desseins sacrés du Comité.

« Je jure de nouveau que je travaillerai pour le bien du Comité, qu'en cas où je ne tiendrais pas toutes ces promesses officielles, *je livre dès à présent mon sang, qui coulerait à la suite d'une condamnation à mort*, exécutée par les hommes du Comité, ayant le devoir de poursuivre le traître partout où il sera trouvé. (*Vallahi, Ballahi, Vallahi*).

En regard de ces formules et de ces mystères, il convient de citer les statuts du *Comité de l'Union libérale ottomane*, publiés notamment dans le *Stamboul* du 3 novembre et du 11 décembre dernier.

tume soit une prescription rigoureuse de l'Islam ; le Prophète l'a conseillée, il ne l'a pas imposée [1]. Il y a des pays
musulmans où les femmes ne sont pas voilées. L'usage du
voile est antérieur à Mahomet. La chaleur excessive et la
jalousie des hommes l'avaient introduit parmi les femmes
de l'Orient, dès la plus haute antiquité. La Bible en fait
mention. Homère représente Pénélope sous un voile. Les
charmantes figurines de Tanagra sont souvent drapées et
voilées, presque à la manière turque. La Vierge Marie était
voilée comme toutes ses compatriotes et, parmi les reliques
insignes, dont l'authenticité ne paraît pas pouvoir être mise
en doute, le voile de la cathédrale de Chartres, à laquelle il
fut donné par l'impératrice Irène (de Constantinople), est un
document fort curieux à ce point de vue. Pieusement sous-
traite aux regards, jusqu'en 1794, on croyait si bien que
cette relique n'était pas une gaze pour couvrir seulement
le visage, mais une sorte de vêtement pour draper le corps
tout entier, qu'on l'appelait habituellement la « sainte che-
mise » et le sceau du Chapitre Chartrain porte un vêtement
à longues manches pour armoiries depuis un temps immé-
morial. D'autre part, il n'y a pas un siècle, en Orient,
les chrétiennes Grecques, Arméniennes, Syriennes, etc.,
portaient généralement le voile. En revanche, les Circas-
siennes le portent bien rarement aujourd'hui.

Il est probable que le *Tcharchaff*, le *yachmak* et le *bacheurtu*,
trois sortes différentes de voiles plus ou moins opaques,
pour les femmes turques, hors de leur maison, sera longtemps encore en usage ; mais vous savez sans doute que chez
elles, ces dames sont vêtues à l'européenne ; les plus cossués
achètent leurs toilettes d'intérieur dans nos grands maga-

---

[1] En 1901, le Palais, si corrompu, envoya un communiqué aux
journaux turcs — avec défense de traduire en français, — où il est dit
que « la loi du *Chéri* fait un *devoir absolu* aux dames musulmanes de
se voiler... » Mais les Musulmans éclairés furent unanimes à blâmer
cette interprétation des lois comme abusive et rétrograde.

sins. Pour le visage, les tissus noirs, épais, sont depuis longtemps déjà, remplacés au harem impérial et chez les hauts fonctionnaires, par des voilettes blanches, presque aussi transparentes que celles des européennes.

En prononçant ce mot de *harem*, j'ai cru remarquer parmi mes auditrices un léger sourire. Eh bien ! non, mesdames, je vous en prie n'ajoutez pas une foi aveugle aux artistes et aux poètes, qui ne donnent qu'une idée des plus fausses, de cette partie de la maison musulmane, exclusivement réservée aux femmes, — si l'on excepte le Palais-Impérial où les 5 et 600 femmes qui l'habitent, depuis les *hanoum effendi* (les épouses du grand Seigneur) jusqu'aux *odalisques* (traduisez femmes de chambre) ou *kâdines* (dames), forment, avec un attristant cortège d'eunuques, une colonie tout à fait à part, appelée à disparaître définitivement, le harem est tout simplement la partie de l'habitation, où demeurent la mère, l'épouse, les filles, et où les hommes qui ne font pas partie de la famille, à moins d'autorisation du mari, n'ont pas la faculté de pénétrer.

Dans les maisons assez vastes et les palais, les hommes habitent seuls le sélamlick et je ne vous étonnerai pas en constatant qu'au point de vue des soins du ménage, on s'en aperçoit parfois trop facilement, malgré le goût des Turcs, pour certaine propreté. Les circonstances m'ont permis d'être reçu plusieurs fois dans des harems — honni soit qui mal y pense ! — et je souhaiterais à tous les ménages européens de voir les plus délicates convenances et le respect de la famille tenus en même honneur.

En arabe, le mot *harem* veut dire le lieu interdit, le sanctuaire ; les Musulmans l'emploient, à la fois, pour le territoire vénéré de la Mecque ou de Médine et pour la demeure inviolable de la femme, ainsi que pour les femmes ou la femme qui y habitent,

Remarquez que j'ai dit *la femme ou les femmes*, car la

licence donnée par le Koran d'épouser plusieurs femmes, et seulement en cèrtaines conditions, est à peu près tombée en désuétude. Diverses raisons, et vous en devinez plusieurs, ont amené les Musulmans à la monogamie. On citerait, malaisément, aujourd'hui, des Turcs bigames ; ils prétendent même l'être moins que beaucoup trop d'Européens. Et j'en connais, du rang le plus élevé, qui ne se sont pas mariés, sans jurer de n'avoir qu'une seule épouse.

Le sultan Abdul-Medjid disait déjà que l'influence des harems, tels qu'ils étaient autrefois admis, avec la polygamie, empêchait les Turs de vivre par l'âme et par le cœur, et il s'expliquait que les chrétiens se contentent d'une seule femme. Aujourd'hui, presque tous les Turcs sont de l'avis des chrétiens et de leur ancien sultan.

Les conditions dans lesquelles on peut obtenir le divorce — mais ici nous n'aurons bientôt plus rien, je le crains, à envier à l'Islam ! — facilitent beaucoup, il est vrai, les changements, car, conséquence des mœurs antiques des Arabes, les répudiations verbales, trois fois renouvelées par l'époux, à intervalles déterminés, peuvent suffire pour rompre un mariage et permettre, après peu de temps, d'en contracter un autre, quoique le Koran déclare que « le divorce est la chose permise qui déplaît le plus à Dieu. »

Il convient, d'ailleurs, de remarquer que la femme peut aussi demander le divorce, que l'inégalité des deux époux qui ne respectent pas leurs devoirs n'est point admise, comme en Europe ; l'époux coupable, est, aussi bien que l'épouse, condamné à la lapidation, peine, il est vrai, comme tant d'autres, inappliquée depuis plusieurs siècles, pour le mari et pour la femme. Mais l'ex-mari doit pension, indemnité, s'il y a lieu, à l'épouse répudiée ; il aurait dû aussi un douaire à sa veuve. Et comme celle-ci a, sur la femme chrétienne, cet avantage — oui, Mesdames, vous l'a-t-on dit ? — qu'elle n'apporte point de dot et qu'elle use librement de l'argent qui lui appartient [1], que, tandis qu'en Suède, par exemple, une femme non mariée est toujours civilement mineure, la jeune fille musulmane, dès sa majorité, a le droit de posséder, de gérer ses biens et ne perd pas, comme chez nous (articles 217 et 1.124 du Code civil) ses droits de propriété ni de gestion, en se mariant; qu'elle peut, mariée ou non, ester en justice, être tutrice, disposer de ce qu'elle a apporté dans le ménage, car ce n'est pas la femme, c'est le mari, qui constitue une *dot*; vous voyez que la femme turque n'est pas tout à fait cette esclave dont on ne vous a montré que les charges et les fardeaux. Je veux croire que, malgré les réclamations et les plaintes des « clubs féministes », il n'y ait, dans les ménages occidentaux que des *enchantées* de leurs époux et j'admets fort bien qu'il y ait, dans certains harems d'Orient, des femmes peu satisfaites de leurs maris et des *Désenchantées* [2] qui aspirent à une condition meilleure ; mais c'est l'effet de l'évolution, dans tous les mondes, et il faut se garder des exagérations d'un côté ou de [l'autre. Il y a d'excellents maris et d'excellents ménages en Turquie, comme il y en a de détestables partout, ce qui ne doit pas empêcher de donner, ici et là, aux femmes, aux mères, la conscience de leurs devoirs, en même temps que le libre exercice de leurs droits [3].

Malgré les défenses et les punitions de l'ombrageux palais d'Yldiz, le contact, qu'à certain point de vue, plus encore que les Turcs, les femmes de l'Islam ont pris en ces dernières années, qu'elles prennent aujourd'hui et qu'elles

[1] Sur les femmes musulmanes, voir : *Mémoires et lettres du marquis d'Argens*. (Londres, 1762, in-12, II, p. 287.)

[2] Titre d'un nouveau roman de Pierre Loti.

[3] C'est la thèse soutenue par Mlle Marcelle Weissen-Szumlanska, dans son livre récent : *Hors du Harem*, histoire vraie. (Paris, Juven, in-18, 1908), et aussi dans *La Femme turque*, de G. Dorys [Adossidés], Paris, Plon, in-18, 1902, p. 86, 291).

prendront davantage, avec les Européennes institutrices, professeurs de musique et marchandes, faciliteront grandement ces réformes. Et il n'est pas impossible, malgré les difficultés, d'entrevoir, en un temps plus ou moins prochain, le moment où la vie sociale, dont tant d'indigènes rêvent l'intensité, sera sur le Bosphore ce qu'elle est partout, où les femmes apportent leur esprit, leurs grâces et leurs qualités plus sérieuses au commerce des hommes [1].

Le 18 septembre dernier, au Jardin public de Bebek, en une grande fête de charité donnée sous le haut patronage du prince Mohamed Sabaheddine, vous auriez pu voir, dans leur costume traditionnel, mais le voile relevé, à de très rares exceptions près, des centaines de dames turques, assistant pour la première fois à une conférence politique. L'expression de leurs beaux yeux, leurs battements de mains, les fleurs qu'elles jetaient au prince eussent suffi à faire comprendre combien l'orateur avait su les toucher, en évoquant le grand rôle de la mère dans l'éducation et, par suite, dans les progrès et l'avenir de la Nation [2].

---

[1] « La loi sacrée (dit l'*Ikdam* du 28 février 1909) prescrit l'instruction au même degré aussi bien à la femme qu'à l'homme... Ce serait un grand malheur que l'émancipation de la femme en pleine ignorance, à la suite de la proclamation du nouveau régime... Les savants, les ulémas avouent qu'une des premières causes, sinon la principale, de notre malaise national, est l'enseignement défectueux de notre monde féminin... Pour doter nos compagnes de toutes les qualités indispensables aux bonnes mères de famille, c'est-à-dire l'éducation intelligente de leurs enfants et la bonne administration du ménage et de la maison, il faut nous adresser à l'Occident. »

[2] Cité, notamment, dans le *Progrès* (πρόοδος) d'Athènes, du 13 /26 septembre 1908.

J'ajoute que ce n'était point fortuitement que le prince fit cet appel, car l'une des plus grandes souffrances de son exil, pour ce père si affectueux, si supérieur, ne fut pas seulement d'être séparé des siens, mais aussi de ne pouvoir s'occuper, comme il l'avait rêvé dès le premier jour, de l'instruction et de l'éducation de sa gracieuse

Quelques jours plus tôt, le « Comité de l'Union des femmes ottomanes » — le titre est assez significatif — faisait célébrer à la mosquée Yenidjami un service religieux en mémoire des « Martyrs de la Liberté » ; des femmes de tout rang y ont assisté (aucun peuple n'est plus démocrate que le peuple Turc [1]) et on pouvait y voir la hanoum effendi veuve du sultan Mourad V, les princesses Chadié sultane, fille du sultan actuel ; Fehimé sultane ; la femme du prince Sabaheddine, l'autre bru de la princesse Seniâh sultane, etc.

Non, ne croyez pas que toutes les habitations des femmes, tous les harems, soient exactement décrits par les romanciers à la mode, par les conteurs des *Mille et une nuits* ou par le poète des *Orientales*. Ne vous imaginez pas qu'on n'y pense qu'à des futilités et qu'on n'y entende que des mièvreries et des fadaises, de ces « chants d'oiseaux » fous, comme ceux que l'on pouvait retrouver, ces jours-ci, dans un somptueux illustré, d'après une fraîche, mais fort inexacte composition de Rochegrosse. Il n'y a pas que des « Têtes de linotes » en Turquie. Les névrosées, au dire des personnes compétentes, y sont en fort petit nombre, tout à fait une exception. Ces femmes turques, que l'on vous a données comme des poupées sans réflexion, ni jugement, ont parfois des âmes de patriotes, qui commandent le respect et l'admiration. Plus d'un des réformateurs doit à sa mère une partie des sentiments élevés qui l'ont guidé ; beaucoup d'autres ont été admirablement soutenues, dans leurs efforts, par leur sœur ou par leur femme.

enfant, Fétijé, qu'il avait dû quitter, dix-huit mois après sa naissance et dont il fut privé chaque jour pendant près de neuf années ; cela seul dira à toutes les mères, et aussi à tous les pères, la constance de ses sacrifices.

[1] « Les Ottomans sont *démocrates* de mœurs et de religion. Les « institutions libérales sont donc les mieux appropriées à leur éduca- « tion sociale », a écrit, le 21 mai 1875, Midhat pacha (Autographe reproduit dans *Midhat pacha* par L. Leouzon Le Duc (Paris, 1877, in-8o).

Toutes assurément ne sont pas aussi instruites qu'il serait désirable, il s'en faut de beaucoup, malgré l'obligation koranique d'instruire la femme comme l'homme, et il y aura beaucoup à faire à ce point de vue ; mais vous serez peut-être étonnés d'apprendre qu'il y a des femmes turques très lettrées et que plusieurs ont publié des œuvres remarquables, enfin qu'il y a des *Revues*, presque uniquement rédigées par des « collaboratrices. musulmanes [1] ».

Là encore, là surtout, l'évolution ne fait que commencer. Après une si dure compression d'un pouvoir tyrannique, rétrograde, qui n'a pas empêché. pourtant, toute émancipation, il faudra peut-être de longues années pour vaincre de vieux préjugés, pour dissiper des appréhensions qui sont, à l'origine, fort louables ; mais, avec la liberté telle qu'elle doit être comprise, d'une instruction solide, morale et saine, les femmes turques n'auront rien à envier à leurs congénères et l'État sera le premier à bénéficier de leurs progrès.

Jai terminé, Mesdames, cette trop longue et trop diffuse causerie, dont vous voudrez bien m'excuser, en songeant aux difficultés de ma tâche et à l'insuffisance des moyens qui m'étaient offerts, pour vous parler un peu de ce que fut la Turquie d'hier et de ce qu'est la Turquie d'aujourd'hui.

---

[1] « Quelques dames musulmanes lettrées, appartenant à la haute Société et connaissant des langues européennes, ont formé, par l'initiative d'une très grande Dame, une société littéraire en vue de sauvegarder les droits de la femme musulmane », dit un écho de la *Turquie*, du 19 décembre, qui annonce la publication d'un journal de ces dames et la demande d'admission des femmes à l'Université de Constantinople. — Bien plus ! des dames musulmanes ont demandé à l'U. P. d'assister aux séances de la Chambre, menaçant, en cas de refus, d'imiter les « suffragettes de Londres » et de manifester à leur tour. (La *Turquie*, 17 décembre 1908.)

Annexe A.

Paroles de M. Joseph Denais à la manifestation des Jeunes-Turcs, Arméniens et autres Ottomans — auxquels s'étaient joints des Français et des Persans — pour rendre hommage à la mémoire de Damad Mahmoud Pacha, au cimetière musulman du Père-Lachaise, à Paris, le 23 août 1908, avant l'exhumation des restes du Grand Patriote.

MESDAMES,
MESSIEURS,

La confiance et l'amitié dont je fus honoré par Son Altesse Damad Mahmoud pacha, pendant ses dernières années, celles de son exil volontaire, de son apostolat et de son martyre, me font un devoir d'apporter un dernier hommage à sa dépouille mortelle, confiée pour quelques heures encore à ce petit coin de la terre de France.

Qui mérita mieux que lui le respect, l'admiration ? Bien rarement l'histoire aura présenté cet exemple d'un grand de l'Empire, tenu par sa situation personnelle à l'abri des calamités du pays et se montrant assez généreux pour se décider à tout quitter, après avoir tout tenté, afin de travailler au salut de ses compatriotes, trouvant jusqu'à la fin, jusqu'à la mort, assez de forces, au milieu des tortures d'une maladie implacable, pour repousser les tentations, pour chasser les tentateurs.

— J'ai haï l'injustice, nous dit-il, en ses derniers temps, j'ai aimé la liberté, j'ai servi la Patrie : voilà pourquoi je meurs en exil !...

. . . .

Cette grande bonté, cet amour des humbles, qui, avec la véracité la plus sincère et l'intégrité la plus scrupuleuse, faisaient de sa personnalité une figure si sympathique, si supérieure, s'étaient plus d'une fois manifestés dans sa carrière publique. Pendant son trop court passage au Ministère de la Justice, ne l'avait-on pas vu refuser son traitement, pour que les petits fonctionnaires pussent toucher leurs subsides. Et, ce faisant, comme il était loin des abus, que sa plume satirique et sa parole vengeresse dénonçaient au mépris public.

C'est pour crier la vérité au monde que le gendre d'Abdul Medjid quitta son palais du Bosphore, où rien ne contrariait son existence ; c'est pour acquérir à son pays des sympathies, c'est pour soutenir, pour encourager, pour éclairer ses compatriotes.

Malgré la vaillance et la persévérance de ses efforts, depuis huit années, pour convaincre le Palais, estimant qu'il ne saurait plus se faire entendre à Constantinople, puisqu'on était incapable de le comprendre ou qu'on se refusait à l'écouter, il s'écriait, en terminant sa première lettre manifeste de janvier 1900 :

« Il faut que j'éclaire la Nation, que je lui expose les dangers du régime actuel et la nécessité de le transformer. C'est afin de remplir ce devoir et de dégager ma conscience de toute responsabilité que je suis venu en Europe. »

Et il disait encore :

« Je suis musulman et Turc, mais je désire servir ma patrie sans distinction de race et de religion ; mes deux fils ont les mêmes intentions ; ils sont venus ici uniquement pour m'aider à remplir ce devoir sacré. La justice triomphe toujours et toujours reste invincible. »

C'est pour des souhaits si patriotiques, pour des actes si louables, que S. A. Damad Mahmoud pacha, gendre du grand sultan Abdul Medjid, fut spolié, calomnié, traqué jusque sur la terre étrangère et, finalement, condamné à mort.

Dans toutes les profondeurs de l'Empire, ces vertus antiques, dont les nationalités ottomanes donnèrent de si beaux exemples, reprirent comme un nouvel éclat, en entendant d'aussi mâles accents. Le cri de Mahmoud pacha, son exode, contribuèrent puissamment à ce bel élan vers la délivrance, qui devait aboutir à l'effondrement pour jamais de ce régime abominable, qui n'eut peut-être pas d'équivalent dans l'histoire du monde.

Je voudrais, en ce lieu de repos éternel, où toutes les passions s'apaisent, ne rien dire qui pût ressembler à des paroles de haine. Mais, grâce à Dieu ! aujourd'hui que la lutte est finie, c'est de l'histoire qu'il nous est donné de faire : la Justice et la Vérité ont aussi leurs droits.

Et, sans nous étendre davantage sur l'exil du grand patriote dont le corps repose sous cette pierre, nous devons à sa mémoire glorieuse, nous devons à sa noble famille, nous devons à son pays de dire, pour en avoir été le témoin et le confident, que cet exil de Damad Mahmoud pacha, de 1899 à 1903, fut un véritable martyre. Les promesses, les menaces, les calomnies, les attentats même, tout fut employé. Malgré les tortures d'une maladie mortelle, jamais il ne fléchit, jamais il ne se rétracta. « Non, disait-il, quand tant de patriotes, officiers, élèves de nos écoles, sophtas, fonctionnaires de tous ordres et de tous grades sacrifient leur liberté pour la patrie, notre devoir est de leur tendre la main et de leur dire : nous sommes avec vous... »

Mais il me faut abréger.

Vous savez comment, pour faire respecter, malgré tout, les vœux suprêmes de Damad Mahmoud pacha, il fallut combattre encore, après qu'il eut rendu son dernier soupir, contre la prétention de s'emparer, malgré lui, malgré ses fils, de ses restes mortels.

Les tribunaux français s'opposèrent à cette entreprise tentée contre la volonté doublement sacrée d'un exilé, d'un mort.

Et c'est ainsi que la France, qui, dès 1899, avait, malgré toutes les tentatives, refusé l'extradition et l'expulsion de Damad Mahmoud pacha, a conservé respectueusement, en ce cimetière musulman de Paris, ses restes vénérables, en attendant le jour béni où la Turquie recouvrerait, selon les vœux de ce grand patriote, l'Indépendance et la Liberté.

Cette volonté du grand mort et du prince Sabaheddine, son digne fils, de rester en exil pour protester contre le régime effondré s'était manifestée dès le premier jour. Elle s'affirma jusqu'à la fin.

Quelques semaines avant la mort de Damad Mahmoud pacha, les émissaires d'Yildiz, rôdant autour de cette fière agonie et n'ayant pas craint de répandre de fausses nouvelles, le fils aîné de l'exilé prit soin de les démentir en ces termes :

« C'est, dit-il, la situation politique et sociale de l'Empire ottoman qui nous a déterminés à tout quitter, pour protester contre le régime actuel. Cette situation véritablement intolérable n'ayant fait, malheureusement, qu'empirer depuis notre exil — ainsi que toutes les chancelleries européennes le constatent — notre retour en Turquie est inadmissible. Nous n'avons jamais cessé de faire cette déclaration. »

Presqu'au même jour, le 12 décembre 1902, Damad Mahmoud pacha, cloué sur son lit, se relevait en un courageux effort, pour protester aussi contre ces inventions calomnieuses et il terminait sa lettre par la déclaration suivante :

« Malgré les souffrances physiques, malgré les douleurs et les angoisses morales, je le déclare une fois pour toutes : je préfère mourir en exil, loin de ma famille, loin de mon pays, plutôt que de rentrer en Turquie, tant qu'on n'y aura pas mis en pratique les réformes souhaitées, attendues par tous les Ottomans et conseillées par toutes les chancelleries européennes. »

Néanmoins, il nous fallait assister à ce spectacle véritablement odieux de l'emploi de tous les moyens dont peuvent disposer la force et la richesse contre un pauvre exilé moribond, broyé, terrassé par la souffrance et qu'on cherchait à trahir et à déshonorer, afin de tuer avec lui, comme si cela eût été possible, l'idée libératrice qui, chaque jour, recrutait de nouveaux adeptes.

Peu de jours avant sa fin, Damad Mahmoud pacha, de sa main défaillante, mais en pleine possession de ses facultés intellectuelles, reprenait encore la plume pour protester contre les allégations fausses de l'ambassade ottomane et il terminait par ces nobles paroles, les dernières sorties de son cœur :

« D'ailleurs, il ne s'agit pas tant de moi que de la situation et de l'avenir de mon pays.

« Je n'ai de haine contre personne. Mais je veux le salut de l'Empire ottoman, que le régime actuel compromet et risquerait de perdre, si cela était possible. Le jour où le gouvernement de la Turquie garantirait la sécurité des personnes et des propriétés, où il comprendrait qu'il est nécessaire de poursuivre l'évolution du progrès, réclamée par tous les Ottomans, sans distinction de races et de religions, je retournerais dans mon pays avec la plus grande joie. Sinon, non. »

Cet instant si impatiemment attendu, si ardemment souhaité par Damad Mahmoud pacha, ce jour dont, sans défaillance et sans répit, son fils aîné s'est efforcé, depuis neuf années, de préparer et de hâter l'avènement, avec une abnégation si louable, un dévouement inlassable, ce moment semble enfin venu ; trop tard, hélas ! pour que le grand Apôtre de la Liberté ottomane pût en saluer l'aurore.

La Constitution est remise en vigueur. Les réformes s'accomplissent. Dans quelques jours, nous rendrons à la Turquie les restes d'un de ses plus nobles enfants, de ses plus glorieux serviteurs.

Au nom d'amis français, je dépose, avec nos vœux pour l'avenir de l'Empire Ottoman, cette *palme des héros et des martyrs* sur les restes de S. A. Damad Mahmoud pacha, en son honneur et (sachant que je répondrais pleinement à ses pensées, à ses désirs) en l'honneur aussi de tous les héros et de tous les martyrs connus et inconnus qui ont su se tenir debout, fermes, pendant la Tourmente, qui ont souffert pour la Justice et qui auront été, comme lui, les Libérateurs de leur Patrie.

(Applaudissements unanimes.)

Annexe B.

Ahmed Riza bey et le Sultan Abdul Hamid II

(Note à la page 58 ci-dessus.)

Extraits du *Mecheveret*, journal d'Ahmed Riza, aujourd'hui président de la Chambre [1] :

« Dans un gouvernement despotique, c'est le Sultan seul qui est « responsable », dit le *Mechveret* du 1er juin 1900. — Protestant, indigné contre la prétention d'un journal français, que « l'entourage « du Sultan lui cacherait tout », le *Mechveret* du 1er mai 1908 — deux mois avant la Révolution — dit que « Abdul Hamid, nature lâche et « cynique, en réalité, est au courant de tout ce qui se passe dans son « empire et, si, ajoute-t-il, son entourage est coupable, *c'est lui,* « *lui seul* qui l'a pétri et façonné à son image ». — « Des plus bas « échelons de la société jusqu'aux rangs les plus élevés, tout le monde « le déteste et le flétrit » (1er janvier 1900). — C'est « un criminel qui « outrage à ce qu'il y a de plus sacré dans les Religions. » (15 avril 1901). — « L'Islamisme défend à tout citoyen d'estimer et de respec-« ter un tyran malfaisant qui, comme Abdul Hamid, méconnaît les « prescriptions du Chériat... » et « qui ne mérite que le dédain et le « mépris » (1er février 1901). — « Ennemi de toutes les lumières » (1er août 1901). — « Malfaiteur dangereux » (15 juillet 1902). — « Le magnanime souverain achève l'égorgement du pays » (15 janvier 1902). — « Y a-t-il un homme sur terre plus réputé pour sa pol-« tronnerie? » (15 août 1901. — « La plus grande partie de nos « malheurs n'est due qu'à sa lâcheté. N'est-ce donc pas une ironie « plus que piquante (il s'agit des félicitations envoyées par l'empereur « Guillaume II) que de parler de la bravoure d'un pleutre pareil » (15 août 1901). — « Plus on est abject et plus on a la certitude d'obte-« nir la confiance et les faveurs du despote » (10 octobre 1901). — Un « monstre criminel comme cet usurpateur d'Abdul Hamid » (15 août 1901). — « Monstre qui passe, à juste titre, pour le plus grand « fléau de l'espèce humaine » (1er juillet 1901). — « Personnellement,

---

[1] A l'heure actuelle, « Ahmed Riza et ses amis sont les maîtres réels de la Turquie », écrit le leader du *Temps*, à la date du 15 février 1909.

« Abdul Hamid se distingue par sa folie et ses crimes... Il peut nous
« faire tuer lâchement... » A. R. (15 janvier 1900). — Abdul Hamid
est le « bourreau de son frère », le sultan Mourad. « Il l'a enfermé
« lâchement dans l'unique but d'usurper le trône et il le maintient
« sous ses griffes ensanglantées par la crainte de perdre le Trône »
(1ᵉʳ juin 1900). — « Il a versé le sang de 300.000 victimes et, quand
« le bras des assassins s'est fatigué, il a organisé les exécutions quoti-
« diennes par lesquelles les brigands à sa solde se font la main, pour
« procéder plus tard à d'autres hécatombes » (15 mars 1900). —
« On peut (lui) reprocher justement le massacre de milliers d'inno-
« cents... Non seulement il a répandu abondamment le sang de ses
« sujets..., mais il est évident que, si Abdul Hamid vivait encore.
« trente années, ce serait fait de la Turquie » (15 juin 1902). —
« Le peuple ottoman se trouve aujourd'hui en présence d'un ennemi
« qui lui fait plus de mal, à lui seul, que ses anciens ennemis coalisés.
« Il s'agit de débarrasser le pays du fléau qui l'accable » (1ᵉʳ janvier
1900). — « On doit commencer par déposer le Sultan » (15 avril 1902).
— « O Peste ! épargne-le, car il continue ton œuvre !... Si, pourtant,
« il en pouvait être autrement ! » (15 avril 1901). — « Que celui de
« mes compatriotes qui critique notre inactivité fasse preuve d'un
« acte héroïque, s'il en est capable; *qu'il aille tuer le Sultan*; je ne veux
« l'y engager, *ni l'en retenir* » (1ᵉʳ décembre 1902). — L'Europe ne se
rend pas « compte des difficultés, de la presque impossibilité qu'il y a
« de supprimer un malfaiteur si jalousement gardé » (1ᵉʳ avril 1907).
— « Le Sultan éprouve une sensation particulièrement agréable quand
« on lui crache à la figure » ; sa clémence « ne s'exerce qu'à l'égard
« des scélérats et des assassins. Pour lui, la pitié, comme la charité,
« commence par les siens », l'intention du signataire de ces lignes
Ahmed Riza, étant, dit-il, contre « l'ennemi de la patrie », de faire
« ressortir une fois de plus à quel degré ont atteint la trahison et la
« cruauté chez cet homme extraordinairement dénaturé » (1ᵉʳ avril
1907). — « Abdul Hamid a volé l'État, dépouillé ses sujets, tripoté avec
« les spéculateurs étrangers... Il a fait construire une mosquée dont
« chaque pierre pourrait porter la date d'un assassinat ou d'un crime...
« Il est impossible que ce sinistre monarque soit enterré à côté de ses
« prédécesseurs, même à côté des plus mauvais d'entre eux » (15 mars
1900). — « Lâche et fou » (1ᵉʳ juillet 1901). — « Maniaque fou »
(1ᵉʳ août 1901). — « Monarque détraqué » (1ᵉʳ janvier 1901). —
« Complètement détraqué » (1ᵉʳ août 1901). — « Aliéné homicide »
(17 janvier 1902). — Sa « maladie est désignée, en pathologie mentale,
« sous le nom de folie lucide ou manie raisonnante .. Nous le répé-
« tons, Abdul Hamid est un fou dangereux et sa folie a causé la ruine
« de la Turquie. Notre patriotisme, aussi bien que les lois du Chéri, les
« intérêts comme la sécurité du pays, nous ordonnent de le destituer...
« La Justice finira bien par triompher un jour » (15 mai 1901). — « Les

« actes de folie du Sultan sont généralement suivis de bassesse et
« d'infamie. » (1er janvier 1900). — « Ses affinités avec les criminels
« l'ont conduit peu à peu à cette conviction qu'il ne se maintiendra
« sur le Trône et ne pourra gouverner à sa fantaisie qu'avec le
« concours de la canaille. Mais, alors, c'est un dément. Nous ne disons
« pas autre chose » (10 octobre 1901). — « Abdul Hamid ressemble à
« un papier-monnaie déprécié ; il n'est qu'un chiffon ; ce sont les
« intéressés seuls qui lui donnent une certaine valeur, dans l'unique
« but de jouer derrière lui quelque rôle politique et financier. »
A. R. (*Mechveret*, 15 janvier 1900). — « Je crie : honte aux gouverne-
« ments qui prêtent leur concours aux aberrations idiotes d'un aussi
« néfaste monomane » (1er avril 1900).

On pourrait, je le répète, publier un volume entier d'extraits
semblables, de 1896 à juillet 1908 : ceux-là suffiront pour bien montrer
aux philosophes et aux politiques les changements opérés. Je termine-
rai par ces véhémentes menaces :

A propos de l'anniversaire du Sultan, le *Mechveret*, parlant de la
terreur du souverain, terreur « qu'expliquent, d'ailleurs, dit le jour-
« nal d'Ahmed Riza, tant de crimes commis, tant de massacres ordon-
« nés par lui », s'écrie : « Le sang, l'odeur de ce sang lui monte à la
« gorge... O grand coupable... Vous êtes condamné à ce châtiment
« de ne voir que le sang de vos victimes. Toutes les puissances de la
« terre complices de vos crimes, lâches adulatrices de vos forfaits, ne
pourront pas vous protéger contre cette apparition rougeâtre et
« vengeresse, qui vous torture, qui vous torturera jusqu'à la fin de vos
« jours, dont jamais vous ne serez délivré, même après avoir cessé de
« vivre, même au-delà du tombeau. La robe sanglante vous pour
« suivra, suspendue aux voûtes éternelles par un fil invisible, le fil
« du grand Justicier qui ne vous lâchera plus, qui ne peut pas vous
« lâcher, car, s'il le faisait, il cesserait d'être le grand Justicier et le
« crime resterait impuni. Non, cela ne se peut pas. » (*Mechveret*,
1er septembre 1900.)

Et, dans un des numéros suivants, Ahmed Riza écrivait : « Féliciter
« Abdul Hamid, c'est faire l'apothéose de la férocité ; c'est l'encou-
« rager dans ses criminelles entreprises ; c'est, en un mot, une véri-
« table ignominie, tant au point de vue moral qu'au point de vue
« politique... On ne peut pas nier qu'il y ait complicité morale, sinon
« effective, entre celui qui commet un crime et ceux qui viennent
« lui apporter le témoignage de leur estime et de leur considération. »
(*Mechveret*, 1er octobre 1900.)

Je crois que nous pouvons nous arrêter là.

Depuis treize ou quatorze ans, tels étaient les pensées, telle était
l'attitude de ces deux hommes, l'un voulant exterminer l'autre ; et
l'autre, infatigable, invectivant le premier dans les termes ci-dessus.

Un télégramme arrive à Yldiz, apprend que l'armée se mutine, qu'elle se révolte ; le Sultan, contraint, cède. Peu après, Ahmed Riza se présente au Palais, incline si profondément sa très haute taille devant Abdul-Hamid, que le Sultan peut déposer un baiser sur son front, comme au retour d'un vieil ami. Pour donner à ce baiser historique, au banquet des députés, à ces scènes orientales, toute leur signification, toute leur couleur, il fallait — je ne puis m'en excuser — rappeler quelques citations du *Mechveret*.

Angers, imp. G. Grassin. — 3-9